Be

Chine

Texte Ken Bernstein
Rédaction Virginie Renard
Réactualisation Annette Vaucanson
Photographie Nicholas Sumner,
J. D. Brown, Bill Wassman
Photo de couverture Jeff Hunter / Getty Images
Direction éditoriale Carine Tracanelli

Berlitz GUIDE DE VOYAGE

Chine

Tous droits, en particulier de reproduction, de diffusion et de traduction, sont réservés. Sans autorisation écrite d'Apa Publications, il est interdit de reproduire cet ouvrage, même partiellement, d'en faire des copies ou de le retransmettre par quelque moyen que ce soit, électronique ou mécanique (photocopie, microfilm, enregistrement sonore ou visuel, banque de données ou tout autre système de reproduction ou de transmission).

CREDITS PHOTOGRAPHIQUES
Toutes les photos sont de N. Sumner, J. D. Brown et B. Wassman sauf celles des pages 4 (milieu) de UPPA Ltd ; 6, 68, 99, 100, 199 de Trip (W. Jacobs, A. Tovy, K. MacLaren, T. Bognar) ; 16, 30, 32, 70, 74, 91, 118, 121, 122, 128, 142 et 191 de Topham Picturepoint ; 19, 67, 73, 104, 108, 186 et 189 de China Tourist Office ; 78, 83, 129, 137, 140 et 172 de Beifan.com ; 26, 43, 46, 54 de B. Handelman ; 1, 23, 25, 50, 61, 63, 66, 77, 81, 169, 204, 210, 212 et 220 de Apa ; 82, 135, 139, 193, 195, 200 et 201 de Imaginechina ; 92 de E. Pansegrau ; 106 et 126 de Topham Imageworks ; 113 de Corbis ; 117 et 124 de Photobank Singapour ; 95 et 178 de Panos (M. Henley, C. Towers) ; 156 de Topham PA ; 215 de Topham Star Images ; 216 de Image Bank.

CONTACTEZ LES EDITEURS
Bien que l'exactitude des informations présentées dans ce guide ait été soigneusement vérifiée, elle n'en est pas moins subordonnée aux fluctuations temporelles. N'hésitez pas à nous faire part de vos corrections ou de vos suggestions à l'adresse suivante : Berlitz Publishing, PO Box 7910, Londres SE1 1WE, Angleterre. Fax : (44) 20 7403 0290 ;
e-mail : berlitz@apaguide.co.uk
www.berlitzpublishing.com

ISBN 981-246-165-5
Édition révisée en 2003, 1ère impression 1996

➤ La Grande Muraille de Chine (p. 64) serait le seul ouvrage humain visible de la Lune.

A Guilin (p. 102), la rivière des Perles serpente au pied de pics de karst uniques au monde.

◄

La Cité Interdite (p. 53) attire des millions de touristes.

▼

LES INCONTOURNABLES

A Lijiang (p. 86),
près de Dali,
la minorité baï vit
encore selon des
traditions
millénaires.

Les croisières
fluviales sur
le puissant Yangzi
permettent de
parcourir les Trois
Gorges avant
la mise en eau du
barrage (p. 81).

Au bord du Grand
Canal, Suzhou
(p. 159) est
la ville aux jardins
classiques.

Le monastère de
Shaolin (p. 156),
berceau de tous
les arts martiaux.

A Dazu (p. 82),
un bouddha
géant dort sous
un croissant de
pierre naturel.

L'armée de
terre cuite
de Xi'an
(p. 188) garde
un tombeau
impérial.

Tournée vers l'avenir,
Shanghai (p. 145) est une
métropole tentaculaire où les
havres de paix sont rares.

SOMMAIRE

Une ➤ indique un site particulièrement recommandé.

INTRODUCTION

Ancienne, vaste, en pleine évolution et captivante, la Chine est le voyage d'une vie. Ses trésors, à la fois naturels et artificiels, rivalisent de beauté pour attirer l'attention : sampans sur une rivière sinueuse avec, en arrière-plan, le contour brumeux des collines ; pavillons majestueux ruisselant de rouge et d'or ; la Grande Muraille qui épouse à perte de vue les contours onduleux des crêtes et des montagnes ; un élégant vase en porcelaine aussi fine qu'une coquille d'œuf, encore intacte après des siècles.

Ce pays agit sur tous les sens : le toucher d'une inscription vieille de 2 000 ans gravée dans la pierre ou un rouleau de soie fraîchement tissé, les saveurs d'une cuisine digne d'un empereur, le son des chants enfantins, le parfum tenace de l'encens brûlé dans les temples ou l'odeur du melon frais sur les marchés.

Les jardins chinois exhalent une sérénité inouïe qui permet d'observer les éléments naturels. Les rocailles, les étangs et les pavillons contribuent à rafraîchir et revigorer le visiteur.

Se rendre en Chine ne signifie pas seulement franchir les océans et les fuseaux horaires. C'est pénétrer dans un autre monde, que ce soit sur le plan culturel, linguistique ou idéologique ; les multiples imbrications du passé et du présent déroutent immanquablement. A dix minutes d'un hôtel moderne, les buffles d'Asie peinent dans les rizières ; pour livrer une demi-tonne de choux au marché, un fermier et son fils, tous deux harnachés, tirent une charrette rudimentaire. Dans une usine contemporaine, des artistes copient des paysages millénaires pour les vendre aux touristes armés de cartes de crédit.

La plus ancienne civilisation vivante du monde peut se permettre un certain détachement à l'égard du temps qui passe. A l'échelle du monde, il n'y a pas si longtemps, après tout, que les

Un pavillon typique aux toits recourbés, à Changsha.

Chinois ont inventé la poudre à canon et le compas, le papier et l'imprimerie, la porcelaine et la soie. Ainsi, les œuvres de Confucius, brûlées en autodafés au IIIᵉ siècle av. J.-C., redevinrent sujet à polémique dans les années 1970.

Barrière linguistique

La langue reste la première source de confusion pour le nouveau venu. Que le chinois soit lu par plus de gens que n'importe quelle autre langue au monde n'est d'aucune consolation pour le visiteur, fasciné par le tracé élégant des caractères. Et puis la translittération a changé. Ainsi Pékin est devenu Beijing et vous ne vous souvenez plus si vous allez à Nanjing (autrefois Nankin) ou à Nanning. Et même si vous faisiez l'effort suprême d'essayer de parler chinois, les tonalités pleines de nuances décourageraient la meilleure volonté du monde.

Pour rajouter aux difficultés linguistiques, les Chinois parlent une myriade de dialectes régionaux ; un habitant du nord comprendra à grand peine le cantonais, parlé au sud. Pour faciliter la communication, le gouvernement encourage l'utilisation orale d'une langue officielle, le *putonghua* (connu à l'étranger sous le nom de mandarin), basé sur le dialecte de Beijing. Heureusement, quel que soit le dialecte parlé, la langue écrite est universelle. A ceci, s'ajoutent les minorités ethniques de la Chine, qui représentent environ 6% de la population et parlent des langues aussi diverses que le mongol, le miao, le thaï et le tibétain. Dans les régions désertiques et montagneuses de l'ouest, à peine peuplées, les minorités constituent une majorité.

> **L'anglais est la langue étrangère la plus parlée en Chine. Des millions de Chinois l'apprennent à l'école ou par le biais de la télévision.**

Le poids du nombre

En plus de la barrière de la langue, l'identité chinoise, nuancée de caractéristiques plus modernes dues au communisme, ne fait qu'accroître la confusion du visiteur. Ainsi, doit-on la prolifération de bureaucrates immuables au marxisme ou au caractère mandarin ? Les trois générations d'une famille partagent-elles le même appartement par tradition ou par pénurie de logement ? Pourquoi les enfants chinois ne pleurent-ils jamais ? Se sentent-ils particulièrement entourés d'amour ou cette docilité est-elle le fruit d'un conditionnement culturel imperceptible ?

Au niveau mondial, un nouveau-né sur quatre est chinois. Ces statistiques bien connues deviennent réalité dès que vous débarquez dans le pays le plus peuplé de la planète. Selon les derniers décomptes, 18 villes de Chine compteraient plus d'un million d'habitants.

La croissance démographique chinoise reste galopante.

L'heure de pointe à vélo y est aussi effrayante qu'un embouteillage à New York. Dans la province la plus peuplée, le Sichuan, vous pouvez voyager pendant des heures et ne jamais apercevoir un carré vide de maisons ou de gens, même dans la campagne la plus retirée.

En parcourant le pays en train ou en avion, vous ne manquerez pas d'être impressionné par l'agriculture intensive, fruit du travail laborieux des hommes. Dans les rizières, vous verrez des centaines d'hommes et de femmes, pieds nus, récoltant à la main le riz qui passe ensuite par une unique batteuse manuelle. Les fermiers exploitent tout centimètre carré de terre qui n'est ni rocher, ni sable ou pratiquement vertical. Car en dehors des montagnes, des déserts et autres territoires inhospitaliers, seule une faible proportion du territoire (15% de la surface de la

Chine) est arable. Cette situation est aggravée par les fréquentes inondations et les sécheresses. Dans les régions côtières plus fertiles, la vie des agriculteurs s'améliore progressivement.

Un territoire largement inhospitalier

La zone la plus montagneuse du pays se dresse à l'ouest, où le mont Everest domine l'Himalaya, à la frontière entre le Népal et la Chine. Mais c'est aussi à l'ouest que le désert descend jusqu'à 150 m en dessous du niveau de la mer. L'amplitude topographique est donc immense. Les grands fleuves de Chine, le Yangzi (Yangtsé) et le Huang He (fleuve Jaune), et d'autres moins mythiques, prennent leur source à l'ouest du pays. D'immenses projets d'irrigation ont décuplé leur efficacité et des barrages produisent maintenant de l'électricité. Mais leurs caprices continuent d'affecter tragiquement la vie des Chinois, avec des inondations dramatiques dont certaines figurent parmi les plus grandes catastrophes naturelles connues.

Evidemment, dans le troisième pays du monde par sa superficie (seuls la fédération de Russie et le Canada sont plus étendus), le climat chinois passe du torride au glacial. Environ 5 800 km séparent le point le plus septentrional de la Chine et

Le pays de tous les records

Troisième pays du monde par sa superficie (9,6 millions de km²), la Chine est entourée par la Mongolie, la Russie, la Corée du Nord, le Vietnam, le Laos, la Birmanie, l'Inde, le Bhoutan, le Népal, le Pakistan, l'Afghanistan et le Kazakhstan. Environ un tiers du pays est couvert de montagnes, dont le pic le plus élevé de la Terre : l'Everest (8 850 m), connu du côté chinois de l'Himalaya sous le nom de Qomolangma. Parmi les centaines de cours d'eau de Chine, les plus célèbres sont le Yangzi (Yangtsé) et le Huang He (fleuve Jaune).

La Chine compte plus d'un milliard d'habitants, ce qui en fait le pays le plus peuplé du monde. Parmi les 56 groupes ethniques recensés, les Han constituent le plus important.

l'extrême sud. Ainsi, pendant que les habitants du nord déblaient la neige, ceux du sud plantent le riz. Les pluies tombent pour la plupart en été, essentiellement dans le centre et au sud du pays.

Mégalopoles et campagnes surpeuplées

La population chinoise, chiffrant plus d'un milliard d'habitants, se concentre à l'est et au sud du pays, où même les villes provinciales comptent des centaines de milliers d'habitants. En instaurant de sévères mesures de contrôle des naissances (la fameuse politique de l'enfant unique) et des restrictions sur l'immigration, les autorités ont essayé de maintenir l'équilibre actuel entre population urbaine et rurale. Malgré tout, des millions d'ouvriers agricoles au chômage se déversent dans les villes à la recherche de travail. Conséquence inévitable, les grandes villes, devenues tentaculaires, sont des mégalopoles : Shanghai, avec ses 14 millions d'habitants, est la sixième plus grande ville du monde.

Les habitants de Shanghai pratiquent le *taiqi* dans les parcs.

Traverser à bicyclette une de ces métropoles pour se rendre chaque jour au travail peut prendre une ou deux heures. Malgré l'augmentation du nombre de voitures, la bicyclette demeure le moyen de transport le plus répandu. Cependant, aller au travail à vélo ne permet en rien de prendre un bol d'air frais, car les cyclistes partagent la route avec les camions et les bus, dans le bruit et les épaisses fumées d'échappement, puisqu'aucune loi ne réglemente les émissions polluantes.

L'interminable trajet jusqu'à l'usine n'est que le premier des inconvénients des grandes métropoles. Les logements y sont exigus et tristes ; faire les courses prend un temps infini. Mais la vie urbaine est généralement plus confortable qu'à la campagne, notamment parce que les hôpitaux et les écoles sont meilleurs. Il n'est guère étonnant que tant de villageois ambitieux rêvent d'un sort meilleur en ville. Mais les autorités ne permettent à aucun d'entre eux de s'y installer sans emploi.

Le salaire moyen est d'environ 800 yuan par mois, soit l'équivalent d'un bon repas pour quatre dans un hôtel touristique de Beijing. Si le niveau de salaire semble affreusement bas, le coût de la vie en Chine n'a rien à voir avec celui de l'Occident. Hormis à Shanghai, les loyers restent extrêmement bas, et les produits alimentaires de base sont bon marché. Certains réussissent même à économiser assez d'argent pour acquérir quelques objets de luxe comme des montres, des chaînes hi-fi et des télévisions. D'autant que le taux de croissance économique se main-

Le pont Nanpu à Shanghai, symbole de la Chine moderne.

tient autour de 7%, une situation qui, selon les estimations, pourrait se prolonger au cours des décennies à venir et faire de la Chine le poids lourd économique du XXIᵉ siècle.

Jusqu'à récemment, le « bol de riz en fer », concept du revenu assuré quel que soit le niveau de productivité, était ancré aussi fermement dans les traditions que la sieste. Pour des centaines de millions de paysans, la pauvreté était partagée équitablement. Puis, à la grande consternation des partisans d'un communisme intransigeant, les dirigeants qui succédèrent à Mao décidèrent de récompenser pécuniairement l'accroissement de la productivité et la créativité.

Une agriculture nécessairement intensive

Les agriculteurs chinois ne travaillent qu'une fraction des terres arables de la planète et doivent pourtant nourrir plus de 20% de la population mondiale. La terre est souvent stérile et le climat capricieux, et la démographie reste galopante. Malgré les besoins alimentaires assez modestes de la population, il suffit d'une sécheresse ou d'un typhon pour créer un déséquilibre entre l'offre et la demande.

Chaque centimètre carré de terre utilisable, y compris des lopins qui semblent arides ou inaccessibles, doit être exploité au maximum, malgré la pénurie de tracteurs, camions, pompes et canalisations. Le problème n'est certainement pas nouveau, mais les solutions adoptées le sont.

Lorsque les communistes prirent le pouvoir en 1949, 10% de la population possédaient 70% des terres. La percée idéologique se manifesta d'abord au niveau des fermes, où les réformateurs s'attaquèrent à des décennies de production insuffisante : les coûts élevés, les rendements bas et une mauvaise gestion avait fait de l'agriculture une activité non rentable. Comprenant que le peuple et la terre représentaient les atouts essentiels du pays, le nouveau régime s'employa à réorganiser l'agriculture de façon plus lucrative. Tout en permettant aux petits exploitants agricoles de garder leur propriété, les autorités confisquèrent la terre aux grands propriétaires pour la redistribuer en grande partie aux masses qui en étaient autrefois privées. Doucement, un nouveau système agricole se mit en place.

Tout d'abord, des équipes d'entraide mutuelle furent formées : la main d'œuvre, les animaux de trait et les outils furent mis en commun. L'étape suivante vit la création de coopératives : les terres, le bétail et les équipements devinrent des biens communs et les revenus étaient partagés. Parfois, jusqu'à 200 familles d'un ou plusieurs villages se regroupaient. Les revenus appartenaient à la collectivité et étaient investis pour le bien de tous. Puis les coopératives fusionnèrent pour constituer des unités encore plus importantes : les communes. Un groupe de villages et les hameaux du voisinage prenaient ainsi en charge l'agriculture et les entreprises industrielles, le commerce, l'enseignement et la défense du territoire pour la région. A la fin de 1958, presque toutes les familles de paysans faisaient partie d'une commune.

Après la mort de Mao Zedong, l'initiative personnelle réhabilitée et la motivation par le gain se répandirent dans les campagnes. Les agriculteurs furent d'abord autorisés, puis incités à se concentrer sur leurs propres lopins. Des primes d'encouragement furent graduellement introduites, qui permettent aux paysans de vendre la production excédentaire et le fruit de leurs jardins privés autant que la demande peut en absorber. Forts du feu vert donné à ces petites exploitations, les revenus agricoles gonflèrent rapidement. Grâce à cette

L'agriculture, encore peu mécanisée, emploie des millions de Chinois.

nouvelle approche, les marchés connurent rapidement une abondance inédite, et le niveau de vie des agriculteurs s'améliora.

Le succès de la nouvelle politique agricole incita les autorités à se tourner vers le secteur industriel. Au grand dam des idéologues traditionnels, Beijing annonça la décentralisation de l'économie. Les directeurs d'usine reçurent l'ordre de s'adapter aux forces du marché, non sans mal. Au même moment, les entrepreneurs privés furent autorisés à ouvrir des restaurants, des boutiques et des sociétés tertiaires. L'infaillibilité de Marx et de Lénine fut officiellement remise en question : le journal *Le Quotidien du Peuple* reconnut que les prophètes du communisme étaient incapables de résoudre tous les problèmes modernes.

Le vélo reste un moyen de transport indispensable.

La vie à la campagne

Si elle se présente, ne manquez pas l'occasion de visiter une communauté rurale. Car elle représente encore la vie quotidienne de 75% de la population de Chine. A cause des idées reçues largement répandues en Occident sur les communes, vous imaginez sans doute des casernes presque militaires pour le logement et un grand réfectoire pour les repas pris en commun. En réalité, vous serez confronté à un groupe de villages, chacun composé de plusieurs maisons à un étage en brique ou en béton ou, dans les régions les plus pauvres, de cases de terre battues coiffées d'un toit de chaume. Dans la rue principale de chaque village, rarement pavée, vous trouverez une boutique qui vend de tout, des rations de coton aux marmites et casseroles. Les ateliers des réparateurs de bicyclettes retentissent de coups de marteau et du cliquetis de la roue libre des vélos, les vieillards jouent aux cartes et les enfants aux joues rondes dévisagent avec curiosité les étrangers. Dans les villages plus aisés, c'est une autre histoire. Certaines habitations ressemblent à des villas modernes. A l'intérieur, les appareils électroménagers n'ont rien à envier aux logements des villes les plus riches : téléviseur, four micro-ondes, voire ordinateur, etc.

De nombreux agriculteurs parmi les plus prospères limitent au maximum leur travail agricole pour se concentrer sur des activités annexes. Hancunhe, un des onze villages d'une commune proche de Beijing, fournit un bon exemple. En faillite en 1978, le village fonda une entreprise de construction et recruta les maçons de la région pour construire des maisons et des bureaux destinés à la classe moyenne de Beijing en plein essor. Au milieu des années 1990, le village comptait 6 000 employés travaillant dans le bâtiment. Son chiffre d'affaires annuel se montait à plus de 7 millions d'euros. Du côté de l'agriculture, Hancunhe a récemment investi plus de 2 millions d'euros dans des serres venant de Californie pour y cultiver des légumes biologiques, la toute dernière mode dans les restaurants chics de Beijing. Car ces villageois demeurent des agriculteurs. Mais avec ses rues pavées et ses maisons opulentes, Hancunhe ressemble plutôt à une banlieue moderne.

Dans l'ensemble, la vie à la ferme reste dure. Le travail est éreintant et les journées sont longues. La mécanisation commence à faciliter la tâche des paysans dans les régions les plus isolées. Grâce au relâchement des contraintes bureaucratiques et à la récompense de l'initiative personnelle, les paysans dynamiques et créatifs gagnent de l'argent, voire de petites fortunes, sur les marchés libres des villages et des villes des alentours, en y vendant le surplus et le produit de leurs parcelles de terre privées, ainsi que des objets qu'ils ont fabriqués. La politique officielle encourage maintenant les paysans enthousiastes qui s'enrichissent. Car pour que la population urbaine puisse dormir tranquille, il faut que les campagnes prospèrent.

Des atouts touristiques indéniables

L'étrange organisation de l'agriculture et du secteur industriel contribue à la fascination qu'exerce la Chine sur les touristes. Aussi les responsables touristiques organisent-ils régulièrement des excursions dans les usines et les exploitations. Jadis simple exercice de propagande, ces excursions remportent un grand succès. On n'essaie plus de dissimuler les évidentes faiblesses. Les guides officiels ne cachent pas non plus que les institutions modèles que vous visitez ne sont pas forcément représentatives. Si le groupe dont vous faites partie s'attable devant un banquet à neuf plats dans une cantine de ferme collective, personne n'essaiera de vous convaincre que vous goûtez là au quotidien des agriculteurs chinois.

Ces excursions constituent un des avantages des voyages organisés en Chine. Certes, vous ne serez peut-être pas informé du programme à l'avance, parfois pas même la veille, mais les responsables locaux du tourisme s'efforcent d'organiser des sorties variées et enrichissantes. N'hésitez pas à renoncer à certaines de ces excursions, mais prévenez votre guide à l'avance pour que le groupe ne perde pas de temps à vous attendre.

Les voyages indépendants sont une innovation récente dans un pays à peine habitué au tourisme de groupe ; après tout, les

L'art du laque

Depuis la dynastie féodale Zhou, il y a quelque 2 500 ans, les œuvres d'art en laque, un vernis résineux, sont une spécialité chinoise. Le laque et les colorants utilisés sont d'un type particulier, et il faut du temps pour appliquer les différentes couches de ce matériau fragile. Parfois, à la façon Song, toutes les couches, soigneusement polies, sont de couleur différente, et l'objet fini est ensuite gravé pour révéler ses multiples nuances. Sur les somptueuses pièces Tang, la surface chatoyante est peinte ou inscrustée de nacre.

Le laque est utilisé pour décorer des boîtes, des éventails, des plateaux, des instruments de musique, des meubles, et les piliers des temples et des palais. Les exemples Ming et Qing, délicatement gravés et peints en rouge, sont encore copiés aujourd'hui.

Nombre de villes et villages chinois possèdent au moins une usine de laque où les touristes peuvent assister au processus de fabrication, encore largement manuel.

touristes restèrent une espèce quasiment inconnue en Chine jusqu'à la fin des années 1970. Les infrastructures, encore rares, rendent hasardeuses les expéditions de dernière minute. Mais si vous souhaitez composer votre propre itinéraire et si faire la queue dans les gares, les aéroports et à la réception des hôtels pour expliquer vos difficultés ne vous gêne pas, l'aventure devient alors une perspective attirante.

Les attraits touristiques classiques de la Chine sont si variés et dispersés qu'un premier séjour se limite souvent à un voyage de reconnaissance. Même si vous avez le temps et les moyens d'entreprendre un

Vision poétique : le pavillon Attrape-Nuages à Guilin.

de ces grands circuits de plus de trois semaines, vous devrez probablement choisir entre le fleuve Yangzi et les grottes de Mogao ou entre la Forêt de pierre et la Route de la Soie. Quel que soit votre itinéraire, vous serez frappé par l'incroyable diversité de la Chine : les toits courbés d'un temple à l'aube, un paysage de montagnes l'après-midi et des spectacles d'acrobatie ou de musique folklorique le soir. Mais n'ayez aucune inquiétude : vous trouverez aussi le temps de prendre trois repas par jour et de faire quelques emplettes.

La plupart des touristes s'accordent à dire que la gastronomie en Chine est une attraction en soi. Que vous participiez à un banquet officiel ou tentiez votre chance dans une baraque à nouilles, vous vivrez une expérience incomparable, sans rapport aucun avec la cuisine chinoise servie dans tant de restaurants d'Occident. C'est l'occasion rêvée de goûter à toutes les recettes classiques, préparées avec des ingrédients frais et authentiques à la façon ancestrale.

Acheter des souvenirs reste une activité touristique incontournable mais les Chinois ont du mal à satisfaire l'enthousiasme insatiable de tant d'étrangers. Les autorités ne peuvent ouvrir assez de magasins dans assez de centres touristiques pour répondre à la demande. Malgré tout, les occasions ne manqueront pas d'acquérir des antiquités, de la poterie, des articles de jade, des tapis, de la soie et de faire de bonnes affaires. Les magasins d'Etat Friendship Stores visent une clientèle de touristes en facilitant leurs emplettes ; le personnel polyglotte a été formé pour répondre à toutes les questions. Mais les touristes aventureux préféreront sans doute les grands magasins de quartier ou les marchés en plein air, où les habitants du pays vendent des objets d'artisanat, voire, de temps à autre, des objets de famille.

Après une longue et dure journée, vous n'aurez peut-être pas envie de participer à la « soirée » inscrite au programme. Trouvez tout de même le courage d'aller au palais culturel ou au théâtre local, et sautez sur l'occasion d'assister à un véritable opéra de Beijing (ou cantonais ou sichuanais, très différents), de voir des acrobates défier l'apesanteur à une hauteur vertigineuse, ou des comiques et des clowns qui vous feront rire même si vous ne comprenez pas ce qu'ils disent. Quel que soit le programme, il donnera sûrement un aperçu des toutes dernières directives culturelles. Le public est souvent la véritable vedette du spectacle. Les spectateurs n'applaudissent pas facilement, mais ne vous laissez pas intimider.

Les raisons ne manquent jamais de retourner en Chine, même après avoir vu les trésors artistiques et historiques, les villes et les paysages époustouflants. Certains visiteurs prennent par exemple des cours d'acuponcture ou d'arts martiaux, ou étudient l'opéra chinois depuis les coulisses. Des voyages organisés se consacrent à la gastronomie, après quoi vous devriez être capable de concocter un canard laqué en un tour de main dans votre propre cuisine.

L'expérience de la foule

Mais se retrouver parmi les Chinois constitue l'expérience la plus inoubliable du pays. Quittez votre hôtel tôt le matin et prenez un bain de foule dans ce milliard d'habitants : vous verrez passer des vagues de bicyclettes tintinnabulantes, sentirez la tension de la foule massée aux arrêts de bus et admirerez les lents mouvements de *taiqi* pratiqué par les habitants du quartier, qui s'arrêtent de temps à autre pour bavarder. Un retraité qui tient une cage à oiseau en hauteur fait prendre l'air à son canari ; d'autres se promènent inlassablement sur des trottoirs bondés avec leur cage à oiseau à la main. Au coin d'une rue, un stand prépare et vend de la nourriture chinoise à emporter.

La façon dont les Chinois s'habillent, travaillent et se divertissent ne cesse de fasciner l'étranger. Bien sûr, la curiosité est plus que réciproque. L'attention que vous suscitez est parfois telle que vous vous sentirez mal à l'aise. Mais vous ne pouvez souhaiter un accueil plus chaleureux.

Partie d'échecs chinois *(mah-jong)* **dans le parc Tiantan de Beijing.**

UN PEU D'HISTOIRE

Des centaines de milliers d'années avant que la Chine ne devînt la plus longue civilisation du monde, le prologue se joua autour d'un feu soigneusement entretenu. L'homme de Pékin, aïeul de l'*homo sapiens*, avait conquis le feu. Il s'agit en quelque sorte de la première invention chinoise. Non pas que l'homme de Pékin ait inventé le silex et l'acier, les allumettes ou tout autre moyen d'allumer un feu : il apprit simplement à capturer une flamme, peut-être dans un incendie de forêt, et à la garder vivante. Il se dota ainsi de deux luxes révolutionnaires : la lumière et la chaleur.

> **Dès le néolithique, la Chine maîtrisait l'art de fabriquer la soie. Marquée par le sceau du secret – toute trahison était passible de la peine de mort – cette activité domestique demeura une spécialité chinoise jusqu'au VIᵉ siècle, quand des vers à soie parvinrent en Occident.**

Ce fut une formidable avancée technique et sociologique : avec le feu, les communautés purent vivre toute l'année dans une même grotte où elles pouvaient cuire leurs aliments et fondre les métaux. Ainsi, 6 000 ans av. J.-C., les ancêtres de l'humanité se sédentarisèrent et s'installèrent à 50 km au sud-ouest de la Beijing actuelle. Plusieurs millénaires plus tard, Marco Polo, en atteignant la capitale de Chine, fut stupéfait d'y découvrir un nouveau développement dans la technique du feu. Les Chinois, annonça-t-il, utilisaient comme combustible des pierres noires extraites des montagnes. Les Européens, qui n'avaient pas même de mot pour charbon, n'en avaient pas encore découvert l'utilité.

La première dynastie

La mythologie et l'histoire se rencontrèrent en Chine il y a environ 4 000 ans, à l'époque de la dynastie Xia. C'était encore l'Age de pierre, mais il semble que les hommes fabriquaient déjà de la soie à partir des fils produits par des vers qu'ils élevaient sur les feuilles de mûrier. Une langue écrite, née 4 500 à 5 000 ans plus tôt, était déjà usitée, d'abord par les oracles puis par les scribes officiels, premiers érudits de Chine.

Pendant la deuxième des légendaires dynasties chinoises *(voir p. 45)*, les Shang (du XVIe au XIe siècles av. J.-C.), les habitants commencèrent à s'intéresser à l'art. Des dessins géométriques délicats ainsi que des motifs de dragons et d'oiseaux vinrent orner les bols et autres ustensiles. Au début de l'Age de bronze, les Chinois fabriquèrent des objets en bronze d'une beauté et d'une originalité telles que les archéologues occidentaux se refusèrent longtemps à reconnaître qu'ils avaient été fondus il y a plus de 3 000 ans. Parfois ornés d'inscriptions calligraphiques, les bronzes Shang figurent parmi les premiers documents historiques du monde.

La dynastie Shang donna naissance au concept d'une nation chinoise unie sous un seul gouvernement. Parmi les progrès réa-

La calligraphie chinoise se développa il y a près de 9 000 ans.

lisés à leur ère, figurent l'introduction des calculs astronomiques, l'invention du chariot, l'utilisation des cauries comme monnaie, la construction de palais et de temples et le raffinement des arts de la table grâce à l'introduction des baguettes.

La dynastie la plus durable de la longue histoire de la Chine succéda aux Shang : les Zhou conservèrent le pouvoir du XIe au Ve siècle av. J.-C. Ils repoussèrent les frontières du pays, introduisirent une réforme agraire et firent construire des villes. Mais surtout, les dernières années de la dynastie Zhou virent l'émergence de deux des penseurs les plus influents de Chine.

Le sage suprême, Kongzi (« Maître Kong »), né en 551 av. J.-C. à l'est du pays dans l'actuelle province de Shandong, est mieux connu dans le reste du monde sous son nom romain : Confucius. Si profonde fut son influence que onze empereurs chinois se rendirent en pèlerinage au lieu de naissance du Grand Maître, marqué par un vaste temple bâti à la place de son ancienne demeure dans la petite ville de Qufu *(voir p. 197)*. Son tombeau se trouve dans les bois juste au nord.

Les textes classiques de Confucius, même s'ils ne traitent que rarement des questions d'ordre spirituel et métaphysique, ont posé les jalons du comportement social et politique qui sert encore de fondement à la façon d'agir et de penser des Chinois.

Pour couler le bronze, les artisans chinois fabriquaient d'abord un modèle en cire qu'ils enduisaient d'argile. La cire fondait et l'argile durcissait, créant ainsi un moule dans lequel le bronze en fusion était versé. Souvent, les bronzes Shang étaient moulés en plusieurs sections puis assemblés.

Confucius insistait sur l'importance de rapports harmonieux entre souverain et sujet, parent et enfant, enseignant et étudiant, individu et Etat. Ces relations devaient être hiérarchiques et dictatoriales. Si l'ordre était bouleversé, des conséquences fâcheuses s'ensuivaient inévitablement. Un fils qui désobéissait à son père attirait le déshonneur sur sa famille et lui-même, tout comme un empereur défiant le

« mandat céleste » ou ignorant le bien-être de l'empire conduisait la nation à la ruine.

Au cours des siècles, Confucius fut sans doute soumis à plus de revers de fortune que tout autre philosophe. Honoré juste après sa mort comme le plus grand des sages, il fut plus tard vénéré comme un demi-dieu ; nombre de villes chinoises comptent encore des temples dédiés à Confucius. Mais pendant la Révolution Culturelle (1966-1976), ses œuvres furent bannies pour leur influence contre-révolutionnaire. Ce n'est qu'après la mort de Mao en 1976 et l'ouverture de la Chine sur le monde extérieur, à l'initiative de gouvernants réformateurs,

De nombreux temples chinois sont consacrés à Confucius,

que Confucius fut réhabilité et ses œuvres autorisées à nouveau.

Contrairement à Confucius, dont la vie est connue jusque dans ses moindres détails, le philosophe Laozi (« Vieux Maître ») demeure une énigme. Les estimations à propos de sa date de naissance varient de plus d'un siècle. Une légende maintient qu'il aurait été le précepteur du jeune Confucius. Laozi fut immortalisé par son recueil de pensées *Daodejing* (« livre de la voie et de la vertu »), un traité sur l'homme, la nature et l'univers. Cet ouvrage, texte de référence de la plus grande religion indigène de Chine, le daoïsme, ou taoïsme, met l'accent sur la nature, l'intuition, l'individu, le paradoxe *(« la connaissance qui n'est pas une connaissance »)* et le flux cosmique. La pensée taoïste se répandit rapidement pour devenir la religion des artistes et des philosophes.

Après la mort de Confucius, la dynastie Zhou connut une période conflictuelle baptisée les Royaumes Combattants (475-221 av. J.-C.). L'histoire communiste officielle considère l'avènement de cette ère comme la ligne de démarcation entre une « société esclavagiste » et une « société féodale ». Elle donna naissance au premier empereur qui unifia la Chine.

L'empire chinois

Le mot Chine, relativement récent, serait dû à la prononciation par les étrangers de Qin, le nom de la première dynastie à unifier le pays, après la période des Royaumes Combattants. L'appellation Chine n'est donc pas chinoise ! Aujourd'hui encore, les Chinois nomment leur pays Zhongguo (littéralement, « Empire du Milieu »), en référence à sa position au centre de l'univers, qu'il soit vu du ciel ou de la terre.

Le Premier empereur, Qinshi Huangdi (221-206 av. J.-C.), organisa l'empire de façon rigoureuse. Le territoire était divisé en

La Grande Muraille fut érigée par le Premier empereur.

provinces et préfectures ; un gouvernement central, assisté par des bureaucrates hautement instruits, détenait le pouvoir. Les livres bannis par le régime étaient brûlés, et les dissidents exécutés ou envoyés en exil. Des canaux, des routes et la Grande Muraille furent construits dans le cadre d'un vaste programme de grands travaux accomplis en majeure partie par des prisonniers. Des décrets officiels standardisèrent les poids et mesures et même les dimensions de l'essieu de toutes les charrettes. A cause de cette dernière mesure, les véhicules circulèrent dans les mêmes ornières pendant des années. Un site datant de la dynastie Qin se trouve à Xi'an, où l'armée d'argile du Premier empereur fut exhumée en 1974 *(voir p. 188)*.

La grande dynastie Han (206 av. J.-C.-220 ap. J.-C.), qui succéda aux Qin, consolida l'ordre impérial. Les hauts fonctionnaires étaient sélectionnés par le biais de concours. Le gouvernement, centralisé, standardisa la monnaie. La Route de la Soie, qui traversait l'Asie centrale, ouvrit le commerce sur le reste du monde. Sur le plan militaire, les Han conquirent les Huns, une tribu de pilleurs, et les nomades d'Asie centrale. La souveraineté de la Chine s'étendait presque jusqu'aux frontières actuelles. La mise au point d'un nouvel arc, de portée plus longue et plus précise que ceux des ennemis de l'empire, assura la suprématie des Han.

Un âge d'or commença. Une université fut créée dans la capitale, Chang'an (l'actuelle Xi'an). Les intellectuels, jadis pourchassés par les Qin, furent encouragés ; avec l'invention du papier, l'influence de leurs écrits s'étendit. La sculpture, la céramique et la sériciculture devinrent florissantes. Le bouddhisme arriva d'Inde via le Tibet. Cette nouvelle religion allait avoir une influence durable sur la vie et l'art chinois.

Comme pour de nombreuses dynasties précédentes et ultérieures, la succession des Han se solda dans l'anarchie par une lutte pour le pouvoir. La nation fut divisée en trois royaumes concurrents. L'ère des Trois Royaumes ne dura qu'un demi-siècle environ, mais elle laissa un patrimoine de contes épiques palpitants qui inspirèrent nombre de pièces de théâtre et un grand roman classique de la dynastie Ming. La consommation de thé est mentionnée pour la première fois au IIIe siècle, un détail qui ne cesse de fasciner les historiens sociaux.

Au cours des siècles suivants, une série de dynasties, certaines d'origine étrangère, se maintinrent au pouvoir malgré la menace constante d'usurpateurs venus de l'intérieur comme de l'étranger. Pendant cette période houleuse, nombre d'habitants déménagèrent vers le sud ; la vallée du Yangzi (Yangtsé) devint le cœur de la culture chinoise. Quant aux envahisseurs étrangers, ils introduisaient en Chine de nouvelles idées mais, comme souvent dans l'histoire du pays, ils furent assimilés dans la société plus sophistiquée de l'Empire du Milieu.

Le règne de la dynastie Sui (581-618) fut marqué par un regain d'unité et de vitalité nationales, bref prélude aux plus grands accomplissements de l'art chinois. Les Sui construisirent

---

Le bouddhisme en Chine

Fondé en Inde au VIe siècle av. J.-C., le bouddhisme aurait été introduit en Chine autour du Ier siècle par des marchands dont les caravanes empruntaient la célèbre Route de la Soie, plus tard parcourue par Marco Polo. Des œuvres d'art monumentales réalisées dans les grottes de Dunhuang aux IVe et Ve siècles confirment que le bouddhisme était pratiqué depuis longtemps en Chine occidentale. A l'époque de la dynastie Tang, les temples bouddhistes et les pagodes faisaient déjà partie du paysage chinois. Les fidèles, qu'ils soient moines, pèlerins ou simples croyants, voire empereurs, se comptaient par centaines de milliers.

Le bouddhisme atteint son apogée en Chine au IXe siècle, mais il reste, aujourd'hui encore, une composante incontournable de la culture chinoise, notamment dans le mouvement *chan* (zen). Les temples et les sculptures bouddhistes figurent parmi les premiers sites touristiques de Chine. Aujourd'hui, quelque 70 millions de Chinois sont bouddhistes (soit 6% de la population), et les temples restent des lieux de culte très fréquentés.

une nouvelle ville impériale à Daxing, près du site de l'ancienne capitale des Han Chang'an (l'actuelle Xi'an, dans la province du Shaanxi). Ils lancèrent les travaux de construction du Grand Canal, prévu pour relier les rizières de la vallée du Yangzi à Beijing ; ce fut là une prouesse d'ingénierie comparable à la Grande Muraille.

Sous les Tang, l'art de la calligraphie se perfectionna.

La gloire des Tang

Culturellement parlant, aucune période de l'histoire de la Chine n'a surpassé la dynastie Tang (618-907), au cours de laquelle la poésie et l'art connurent leur apogée. L'Académie impériale des lettres fut fondée, environ 900 ans avant qu'une telle institution ne soit créée en Europe. Le premier livre imprimé connu, un texte bouddhique, fut publié en 868.

La capitale Chang'an comptait alors plus d'un million d'habitants, beaucoup plus que n'importe quelle ville européenne de l'époque. Entre des palais et des temples extravagants, s'intercalaient des marchés regorgeant de produits exotiques provenant d'aussi loin que Byzance. Les marchands étrangers y achetaient de la soie, de la porcelaine et des épices, et introduisaient ainsi les Chinois à des concepts venus d'ailleurs.

Les érudits, les poètes et les artistes accomplirent de grandes choses. Des encyclopédies furent rédigées, et un système métrique instauré pour la poésie. La rime fut inventée. Alors que le bouddhisme s'affirmait tout en prenant un caractère chinois, il inspira la construction de grands temples et de pagodes ornés de fresques et de statues. Les artistes peignaient des paysages délicats et perfectionnaient le travail subtil de la calligraphie au

Les statuettes Tang se distinguent par leur vivacité unique.

pinceau. Les sculpteurs se montraient maîtres dans l'art de restituer les formes humaines et animales dans toute leur complexité, ainsi que celles des figures religieuses. La poterie, un art qui s'épanouissait en Chine depuis la nuit des temps, connut une innovation décisive : la porcelaine, inconnue du reste du monde, fut inventée. Les potiers Tang fabriquèrent aussi une myriade de statuettes multicolores représentant des soldats, des danseuses, des chameaux et des chevaux, toutes d'une vivacité inégalée, pour orner les tombeaux impériaux.

Pourtant, les souverains Tang, au début du Xe siècle, perdirent le contrôle du pays. Les revenus issus de l'impôt s'amenuisaient ; dans les couloirs des palais, d'ambitieux eunuques intriguaient ; les programmes de réforme échouaient et les forces rebelles menaçaient l'intégrité des frontières. Dans l'espoir de les pacifier, les empereurs se montrèrent trop généreux envers certains seigneurs de guerre. Dès 907, le peuple réalisa, à cause du désarroi et de la confusion ambiante, que la dynastie ne remplissait plus le « mandat céleste ». C'est ainsi que le dernier des monarques Tang abdiqua.

Les historiens de la Chine baptisent les cinquante années suivantes la période des Cinq Dynasties et des Dix Royaumes. Cette époque transitoire fut marquée par des intrigues politiques et militaires, des rivalités et de cruels règlements de compte. Dans la seconde moitié du Xe siècle, un habile général du nom de Zhao Kuangyin prit le pouvoir et fonda la dynastie des Song (960-1280). La suprématie culturelle de la Chine s'en trouva assurée pour les trois siècles suivants.

Sous les Song, le nombre de villes en Chine augmenta de façon spectaculaire, surtout dans la vallée du Yangzi et au sud-ouest. Toute ville attirait forcément son lot d'érudits, d'artistes et d'artisans. L'introduction des caractères mobiles révolutionna l'imprimerie ; les livres devinrent des objets de la vie courante et l'alphabétisation s'accrut. Les scientifiques publièrent des ouvrages sur la botanique, l'astronomie, les mathématiques et la géographie. Des peintres de cour furent nommés. La porcelaine vernissée fut accueillie à l'étranger avec émerveillement.

Alors que les arts et les lettres continuaient à s'épanouir, la situation politique et militaire se détériorait. Les envahisseurs grignotaient progressivement les régions frontalières de l'empire. Les contribuables pliaient sous le poids des taxes payées pour entretenir l'armée et des tributs versés aux adversaires étrangers, et dénonçaient le luxe de la vie au palais. Le désastre était inévitable : des envahisseurs venus de Mandchourie forcèrent les Song à se replier vers le sud. Et les Mongols, à la tête desquels se trouvait le redoutable Genghis Khan, déferlèrent sur toute la Chine, soumettant pour la première fois la totalité du pays à un contrôle étranger.

La domination mongole

La conquête de la Chine par les Mongols (1279-1368) fut marquée par un drame émouvant. Après vingt ans de résistance, les armées des Song étaient prêtes à capituler. L'empereur, un enfant de 8 ans, fut caché à bord d'un bateau, mais lorsque celui-ci se trouva encerclé par des navires ennemis, un des derniers commandants fidèles à la Chine prit le monarque dans ses bras

L'empereur mongol Kublai Khan reçoit une offrande de perles.

et se jeta à l'eau avec lui, pour mourir plutôt que se rendre.

Cette nouvelle période, la dynastie Yuan, dura moins d'un siècle. La créativité déclina, mais le nouveau souverain de Chine, Kublai Khan, petit-fils de Genghis Khan, avait l'esprit ouvert et se montrait tolérant vis-à-vis de ses nouveaux sujets. Il nomma des bureaucrates et des érudits chinois pour l'aider à gouverner. Les historiens étrangers s'accordent généralement à dire que Kublai Khan devint un empereur chinois presque authentique et que les conquérants changèrent plus profondément que les conquis.

La capitale du nouvel empire fut construite sur le site de l'actuelle Beijing et baptisée Dadu ou, en mongol, Cambaluc, que le voyageur le plus connu de l'époque médiévale, Marco Polo, écrivait Kanbalu. Sa description de la vaste capitale trahit son admiration pour les palais et les bazars, ainsi que pour la profusion d'arbres et de verdure. Il s'émerveilla de la tolérance religieuse, de la générosité du Grand Khan, ainsi que de son goût exquis dans le choix de ses épouses. Il fit état de toutes sortes d'inventions, notamment celle du papier-monnaie – la contrefaçon, raconte-t-il, avait aussi fait son apparition.

Le récit de Marco Polo sur la vie à Cathay, pays de légende, fut reçu avec incrédulité en Europe, où l'on suggérait qu'il avait laissé libre cours à une imagination débridée. Quelle autre réaction pouvait-il espérer des Vénitiens à propos de son compte-rendu sur la *« noble et magnifique ville de Kin-sai »* (l'actuelle Hangzhou) qui comptait 12 000 ponts, si hauts que les navires pouvaient passer en dessous.

Avec la mort de Kublai Khan à l'âge de 80 ans, en 1294, l'emprise des Mongols sur la Chine commença à se desserrer. Les successeurs du grand empereur ne possédaient ni sa clairvoyance ni son dynamisme. Un esprit d'insurrection flottait, contenu par une oppression accrue qui aiguillonna la résistance. Finalement, une révolte menée par un paysan-général, Zhuyuanzhang, mit les souverains Yuan en déroute. En 1368, celui-ci s'empara du trône de l'Empire du Milieu, fondant une nouvelle dynastie prometteuse : les Ming.

L'élégance des Ming

En chinois, le terme Ming est un mot composé, formé des caractères « soleil » et « lune », la combinaison des deux signifiant brillant ou glorieux. En fait, la dynastie (1368-1644) ne fut pas à la hauteur de son nom. L'architecture, la sculpture et les arts dé-

---

Une myriade de premières

Plusieurs inventions décisives virent le jour en Chine longtemps avant d'atteindre l'Occident.

La Chine produisait de la fonte dès le IV\e siècle av. J.-C. (1 800 ans avant que l'Europe n'en découvrit la technique) et, dès le Ier siècle, soit mille ans avant l'Europe, du papier était fabriqué à partir de chiffons et de fibre de bois réduits en pâte. L'imprimerie sur cliché bois fut inventée au IX\e siècle et les caractères mobiles un siècle plus tard. La brouette apparut en Chine au III\e, et au XIII\e siècle en Occident. Le compas magnétique figure aussi parmi les découvertes chinoises. L'Occident s'en servit plus tard pour faire le tour du monde.

Dès le VIII\e siècle, les Chinois utilisaient des horloges mécaniques, actionnées par une roue à eau. Ils furent les premiers à construire des ponts suspendus, à partir de bambous et de chaînes en fonte. Ils inventèrent l'étrier, qui révolutionna l'art de la guerre, et la poudre à canon, dont ils se servaient pour propulser des flèches hors de tubes de bambou : ainsi naquirent les premières fusées.

Enfin, la Chine développa l'art de cultiver et de servir le thé.

coratifs produisirent de belles œuvres, mais la littérature, qui touchait un lectorat grandissant, n'accoucha que de quelques chefs-d'œuvres. Quant à la philosophie, elle ne connut aucun nouveau développement. La science, beaucoup plus avancée qu'en Europe, fut tellement négligée que la Chine devint un désert technologique.

L'Italien Matteo Ricci reste le jésuite missionnaire le plus marquant. Débarqué à Macao en 1582, il impressionna les érudits chinois par sa maîtrise de leur langue. Il mit au point son propre système de translittération du chinois en alphabet romain, ainsi qu'un dictionnaire.

Sans doute pour compenser l'intermède mongol, les empereurs Ming encouragèrent les valeurs traditionnellement chinoises. Le détenteur du « mandat céleste » joua au maximum la carte de l'autocratie, tandis que les bureaucrates conservaient leurs emplois (et leur tête) en se disant favorables à l'empereur.

Le conservatisme et le rejet des influences étrangères ne furent toutefois pas complètement hermétiques. Sous les Ming, la Chine importa du tabac, des ananas, des cacahuètes... et la syphilis. Grâce à la tolérance de la tradition confucéenne, les missionnaires chrétiens étaient bien accueillis, bien qu'ils n'eussent pas réussi à convertir les masses. Des Jésuites, les Chinois apprirent les mathématiques et l'astronomie ; l'Ancien Observatoire *(voir p. 60)* se dresse encore au centre de Beijing.

Le siège de la dynastie Ming fut d'abord déplacé vers le sud, dans le port de Nanjing (« capitale du sud »), sur le Yangzi. Au début du XVe siècle toutefois, la capitale fut réinstallée au nord et baptisée Beijing (« capitale du nord »). Là, les architectes et les artisans des Ming érigèrent quelques-uns des plus élégants palais, temples et parcs de Chine, notamment la Cité Interdite et le temple du Ciel, des chefs-d'œuvres restés intacts.

La remontée vers le nord permit de faciliter la surveillance des frontières de plus en plus vulnérables de l'empire. Les souverains Ming supervisèrent la construction et la rénovation des sections de la Grande Muraille visitées de nos jours par des millions de touristes. Mais cette entreprise finit par s'avérer insuffisante pour contenir la pénétration des ennemis. Dès le XVIIᵉ siècle, après plusieurs tentatives, infiltrations et invasions, les forces de Mandchourie profitèrent des difficultés intérieures en Chine pour prendre le pouvoir à Beijing, presque par défaut. S'assurer le contrôle sur le reste du pays fut cependant l'affaire d'une lutte longue et brutale. Les envahisseurs mandchous baptisèrent leur nouvelle dynastie les Qing. Celle qui devait être la dernière dynastie chinoise garda le pouvoir jusqu'aux temps modernes (1644-1911).

Nattes et prospérité

Les envahisseurs barbares, les Mandchous, adoptèrent tous les raffinements de la civilisation chinoise, mettant sur pied un régime si conservateur qu'il finit par ralentir le progrès. En dépit de leur perspective confucéenne et de leur traditionnalisme, les

Le Mur aux Neuf Dragons, dans la Cité Interdite, chef d'œuvre Ming.

Mandchous imposèrent une caractéristique de leur culture : le port de la natte. Curieusement, le reste du monde persiste à croire que c'est là une tradition chinoise.

L'un des empereurs les plus dynamiques fut Kangxi (1662-1722), qui régna à peu près en même temps que le roi Louis XIV en France. Il présida à une période de prospérité et de grandes réalisations ; il reconstruisit Beijing, encouragea l'érudition et étendit les frontières de l'empire comme jamais auparavant ni depuis. Contrairement à ses prédécesseurs, Kangxi garda un train de vie relativement modeste ; le nombre de ses concubines n'excédait pas 300 !

Sous l'empereur Qianlong, petit-fils de Kangxi, un conflit survint entre les puissances européennes et l'Empire du Milieu. Le roi George III d'Angleterre envoya un émissaire pour établir de bonnes relations diplomatiques et commerciales. L'empereur refusa catégoriquement tout accord, tout en le remerciant d'avoir montré tant *« de loyauté soumise en lui envoyant cette délégation »*. L'intention n'avait pas été de causer offense, même si le message à la Grande-Bretagne mentionnait *« l'isolement lointain de votre île, coupée du monde par le désert des océans »*. La Chine se croyait sincèrement le centre du monde : elle n'avait rien à apprendre ni à gagner des *« démons étrangers »*. Mais cette belle assurance ne devait pas durer.

En Europe, l'accroissement de la demande en thé, en soie et en porcelaine renforça la pression pour un commerce plus libre. Mais les Chinois, inflexibles car ils n'avaient besoin d'aucune commodité, n'acceptaient comme monnaie d'échange que des lingots d'argent, déséquilibrant ainsi la balance des paiements anglaise. A la fin du XIXe siècle, des commerçants étrangers rusés eurent l'idée d'une autre méthode de paiement : l'opium. Des tonnes de drogue furent introduites en Chine. Son succès immédiat dépassa toutes les espérances.

En 1839, les autorités chinoises mirent enfin un frein au commerce de cette drogue qui, en plus de provoquer une dépendance généralisée chez les Chinois, ruinait la trésorerie de l'empire. Quelque 20 000 caisses d'opium furent confisquées à des mar-

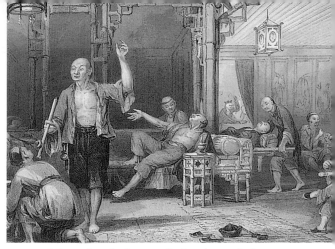

A Guangzhou, des fumeurs d'opium devenus toxicomanes.

chands britanniques de Guangzhou (Canton). Les représailles se firent attendre un an, quand éclata la première guerre de l'Opium, qui culmina en une série de *« traités inégaux »* imposés par les puissances européennes à un régime mandchou de plus en plus faible. La Chine fut forcée d'ouvrir ses plus grands ports à la pénétration étrangère, à la fois politique et économique ; ainsi, Hong Kong fut cédée à la Grande-Bretagne pour un bail de 99 ans et Macao au Portugal.

La rébellion des Taiping, qui commença en 1850 par une insurrection paysanne, fut encore plus coûteuse en vies humaines. Des combats opposèrent la dynastie Qing aux rebelles déterminés à détruire des valeurs aussi traditionnelles que le respect de la religion, de la propriété privée et de la suprématie masculine. Cette révolte de quatorze ans fut plus meurtrière que la Première Guerre mondiale. Beijing l'emporta finalement, mais le régime et la nation en furent changés à jamais.

La Guerre sino-japonaise de 1894-95 en apporta la preuve éclatante : l'armée chinoise brilla par son inefficacité. Le Japon et les pouvoirs européens démantelèrent l'empire chinois. L'empereur apporta son soutien aux demandes de réforme, mais sa tante, l'impératrice douairière Cixi, une intrigante notoire, le détrôna. En 1900, Cixi eut l'occasion d'exploiter la révolte des Boxers. Cette rébellion contre l'influence étrangère fut finalement écrasée par les grandes puissances, alors réunies dans une alliance sans précédent. Déshonorée, la Chine fut condamnée à payer une indemnité humiliante.

La vieille impératrice mourut en 1908, un jour après la mort mystérieuse du neveu qu'elle avait renversé. Puyi, l'héritier du trône, était un prince âgé de 2 ans – pas vraiment le souverain dont la dynastie et la nation avaient besoin pour faire face au désordre civil et aux menaces de l'étranger. Moins de trois ans plus tard, l'armée se mutina à Wuhan ; l'insurrection gagna rapidement le soutien de la population. Le succès de la révolution, qui surprit nombre d'observateurs, fut si soudain que Sun Yat-sen, le révolutionnaire invétéré responsable de maintes insurrections précédentes, se trouvait encore à l'étranger. Il rentra triomphalement pour accepter la présidence de la République de Chine. La dynastie mandchoue et le dernier empereur abdi-

---

L'histoire à petits pas

Aujourd'hui encore, de vieilles femmes claudiquent, les pieds déformés, reliques vivantes de la pratique féodale du bandage des pieds.

Sous la dynastie Song, il y a presque mille ans, la préférence pour les femmes aux petits pieds prit une sinistre tournure. Les pieds des petites filles étaient cassés, puis recourbés et bandés de manière à interrompre la croissance. Que ces fillettes souffrent atrocement et qu'elles ne puissent jamais plus marcher normalement semblait secondaire par rapport à l'attrait potentiel de « *pieds mesurant trois pouces* ». Cette pratique gardait aussi les femmes bien à leur place, en les confinant pratiquement chez elles.

Le bandage des pieds fut déclaré illégal de temps en temps, mais la pratique se poursuivit pendant plusieurs siècles. Elle commença à disparaître seulement après la chute de la monarchie en 1911.

quèrent en 1911. La tradition impériale millénaire disparut en un clin d'œil.

Impossible unité

Mais le parcours de la nouvelle république était semé d'embûches. Un seigneur de guerre prit le pouvoir à Beijing, dans l'espoir de restaurer la monarchie. Face à ce harcèlement, Sun Yat-sen déplaça son nouveau parti Guomindang au sud de Guangzhou.

A la fin de la Première Guerre mondiale, la Chine prit part aux combats du côté des Alliés. Mais le traité de Ver-

Sun Yat-sen et sa femme Song Qinling, héros de la République.

sailles provoqua une amère déception lorsque le Japon, et non pas la Chine, obtint le contrôle des anciens territoires allemands de la province du Shandong. Les manifestations, provoquées par un sentiment de frustration, se multiplièrent. Les pouvoirs étrangers et le régime de Beijing devinrent les cibles de la colère grandissante de la population. Les protestations réclamant des réformes sociales drastiques devaient marquer pour longtemps les esprits des étudiants et des ouvriers.

En 1921, le Parti communiste chinois (PCC), fort de ses 53 adhérents, tint son premier congrès national clandestin à Shanghai. En 1924, il forma une alliance prudente avec le Parti nationaliste (Guomindang). Déçu par les pouvoirs étrangers, Sun Yat-sen demanda le soutien du nouveau régime soviétique. Le Kremlin répondit favorablement en envoyant auprès des nationalistes des conseillers politiques et militaires. En retour, le disciple de Sun Yat-sen, Chiang Kai-shek, alors âgé de 37 ans, se rendit à Moscou en tant que chef de mission. Sun Yat-sen mourut en 1925. Son successeur, Chiang Kai-shek, reprit

La maison de Shanghai où se tint le premier congrès du PCC.

ses Trois Principes : nationalisme, démocratie et justice sociale. Il installa sa capitale au sud, à Nanjing.

En 1927, Chiang Kai-shek se retourna contre les communistes, ainsi que contre l'aile gauche de son propre parti, en une purge sanglante. Les communistes, qui s'étaient déjà assuré le soutien de millions de paysans, devinrent plus puissants dans le sud. Mais confrontés à une pression militaire de plus en plus forte, ils partirent pour leur Longue Marche mythique vers le nord-ouest de la Chine, à quelque 10 000 km. Pendant cette retraite stratégique, une des plus grandes et des plus réussies de l'histoire, un des fondateurs du PCC, Mao Zedong, fut choisi comme chef du parti. Il devait conserver ce mandat jusqu'à la fin de ses jours.

Les terribles années de guerre

En 1931, le Japon s'empara de la province de Mandchourie, la proclamant Etat « indépendant » de Mandchoukouo. Puyi, le dernier empereur mandchou, fut placé sur le trône de cet Etat fantoche. Il resta « au pouvoir » à Changchun pendant une dizaine d'années. Mais cet événement annonçait la Seconde Guerre mondiale. Au cours des années qui suivirent, les troupes japonaises pénétrèrent dans plusieurs autres régions du nord de la Chine. L'ennemi japonais n'était pourtant que le cadet des soucis pour le gouvernement de Chiang Kai-shek, trop occupé à chasser les communistes. Chiang lui-même fut kidnappé par un de ses propres officiers qui voulait le convaincre de former un front unifié avec les communistes. Cet événement sensationnel reste connu sous le nom d'Incident de Xi'an.

Mais au moment où une action commune aurait pu être organisée, les envahisseurs avaient déjà lancé une offensive généralisée. Le Japon écrasa tous les mouvements de résistance dans les grandes villes côtières, ainsi qu'à Beijing et Nanjing *(voir p. 138)*, où les troupes du Soleil Levant perpétrèrent d'horribles massacres. La débâcle s'acheva en 1938. Le gouvernement nationaliste s'était alors retiré derrière les gorges du fleuve Yangzi, dans la ville de Chongqing, ultime bastion.

Avant même de prendre part à la Seconde Guerre mondiale, les Etats-Unis soutenaient les armées de Chiang Kai-shek en leur fournissant des vivres, du carburant et des transports. Une fois sur place cependant, la confusion, la corruption et les retards finirent par décourager les Américains. Chiang semblait tout garder pour lui, que ce soit le riz ou les avions, pour mieux lutter contre les communistes chinois, et laissait aux Alliés le soin de s'occuper des Japonais.

A la capitulation du Japon en 1945, Chiang Kai-shek participa aux célébrations de la victoire avec les Alliés. Mais il perdait déjà sa bataille pour la Chine. Le 15 août, jour de la reddition officielle du Japon, les communistes contrôlaient une zone comprenant presque un quart de la population chinoise. Les Etats-Unis essayèrent d'abord de servir de médiateur entre les communistes et les nationalistes, tout en continuant à ravitailler ces derniers. Mais toute chance de coopération gauche-droite dans l'après-guerre s'effondra en quelques mois. La Chine basculait inexorablement dans la guerre civile.

> **A Harbin, l'Unité 731 de l'armée japonaise assassina au moins 4 000 prisonniers chinois et alliés en les soumettant à de cruelles expérimentations médicales et bactériologiques.**

Malgré quelques défaites, les armées communistes devinrent une force écrasante. Les paysans les accueillaient en libérateurs.

Les villes n'opposèrent qu'une résistance de façade. Les nationalistes durent se replier avant de quitter le pays. Leur gouvernement se réfugia sur l'île de Taiwan en emportant une masse de trésors nationaux et en promettant son imminent retour en force.

Sur la place Tiananmen à Beijing, le 1er octobre 1949, le Secrétaire général Mao Zedong proclama la République populaire de Chine. Après des millénaires d'empire et quelques décennies de transition violente, le pays le plus peuplé du monde adoptait le communisme.

L'imposition d'un ordre nouveau

Avant d'accomplir tout projet grandiose, les nouveaux dirigeants durent reconstruire la société et l'économie. La réforme agraire fut la première innovation révolutionnaire, suivie de l'organisation des villes sous le contrôle du Parti.

Le travail sur le terrain était à peine commencé lorsque la Chine s'engagea dans la guerre de Corée (1950-53) en envoyant des « volontaires » se battre contre les forces des Nations-Unies emmenées par les Etats-Unis. Les relations entre Washington et Beijing en souffrirent, mais dans le même temps, les liens entre la Chine et l'URSS se développaient harmonieusement. Premier Etat communiste du monde, l'Union Soviétique envoya des conseillers techniques et des fonds en Chine, qui contribuèrent à façonner les nouvelles institutions sur le modèle soviétique. Comme en URSS, l'agriculture fut collectivisée et la priorité de la politique économique allait à l'industrie lourde.

En 1959, le Grand Bond en Avant de Mao Zedong visait à mobiliser le peuple dans un programme de croissance économique, mais celui-ci ne fit que maintenir le pays dans le désarroi et n'apporta que des résultats peu convaincants, voire une régression. Au moment où la tendance s'inversait, les rapports entre la

> **Au début des années 1960, le Grand Bond en Avant lancé par Mao provoqua la famine la plus meurtrière du XXe siècle : les estimations parlent de 30 millions de morts.**

Chine et l'URSS passèrent du poli au glacial, puis à l'hostile. La Chine se coupa du monde et mit au point sa propre bombe nucléaire (1964).

De 1966 à 1976, la Chine fut secouée par la Révolution Culturelle. Des millions de jeunes Gardes rouges saccagèrent tout sur leur passage et le pays entier entreprit d'apprendre par cœur les maximes du *Petit Livre Rouge* de Mao. Des milliers périrent et le patrimoine culturel de la Chine, considéré comme un vestige du féodalisme, fut en grande partie détruit. Les années 1970 virent une succession de changements. Le président des Etats-Unis, Richard Nixon, se rendit en Chine en 1972, nor-

Le mausolée de Mao attire les foules sur la place Tiananmen.

malisant ainsi les relations entre les deux pays. L'année 1976 fut marquée par le décès de Zhou Enlai, le populaire Premier ministre puis, huit mois plus tard, en septembre, par celui du Secrétaire général, Mao Zedong lui-même.

La veuve de Mao, l'ancienne actrice Jiangqing et ses proches associés, réunis dans la célèbre Bande des Quatre, furent arrêtés, jugés et emprisonnés pour avoir encouragé les excès de la Révolution Culturelle. Des milliers de personnes persécutées pendant les années 1960 et 1970, notamment l'énergique et pragmatique Deng Xiaoping, furent réhabilitées. Au fur et à mesure que les portraits de Mao Zedong étaient décrochés, de même que les slogans politiques des panneaux d'affichage et des classes d'école, une nouvelle flexibilité s'installa. La modernisation de l'économie sous-développée de la Chine devint la priorité. Les échanges scientifiques et commerciaux avec l'Occident se multiplièrent et les touristes étrangers commencèrent à affluer pour admirer les splendeurs naturelles et les trésors historiques restés inaccessibles si longtemps.

Pourtant, en juin 1989, une nouvelle chape de terreur s'abattit sur le pays : l'armée réprima dans le sang la révolte estudiantine du Printemps de Pékin, qui réclamait des réformes démocratiques. Aux morts du 4 juin, s'ajoutèrent des milliers d'arrestations et d'exécutions sommaires. D'innombrables opposants s'exilèrent. Les puissances occidentales instaurèrent un gel des relations diplomatiques. La Chine se replia sur elle-même. Den Xiaoping, le Leader suprême, nomma Li Peng, tenant d'un communisme dur, au poste de Premier ministre.

L'enclave de Hong Kong fut remise à la Chine en 1997.

En 1992, Deng mit en route une occidentalisation rapide de l'économie chinoise. La mort de Deng et le retour de Hong Kong et de Macao dans le giron chinois marquèrent une étape supplémentaire dans l'avènement d'une Chine nouvelle, devenue une superpuissance économique capable de concurrencer les Etats-Unis et l'Europe du XXIe siècle. Deux ans plus tard, la candidature de Beijing fut retenue pour l'accueil des Jeux Olympiques d'été de 2008.

Malgré les tumultes de l'histoire, un aspect du pays reste inchangé depuis Marco Polo : la Chine reste une expérience unique, un pays comme aucun autre.

Repères historiques

XXIᵉ-XVIᵉ siècle av. J.-C. Dynastie Xia : premier Etat chinois. Production de soie. Langue écrite en usage. Création d'un calendrier.

XVIᵉ-XIᵉ siècle av. J.-C. Dynastie Shang. Fonte du bronze.

XIᵉ-Vᵉ av. J.-C. Dynastie Zhou. Développement de la peinture, de la poésie et des mathématiques.

770-476 av. J.-C. Printemps et Automnes.

475-221 av. J.-C. Royaumes Combattants. Invention du compas de navigation. Utilisation d'outils en fer.

221-206 av. J.-C. Dynastie Qin. Construction de la Grande Muraille.

206 av. J.-C.-220 ap. J.-C. Dynastie Han. Introduction du bouddhisme.

220-260 Trois Royaumes. Apparition du thé en tant que boisson.

265-420 Dynastie Jin. Les temples, palais et bibliothèques de Luoyang sont détruits par les envahisseurs.

386-581 Dynasties du Nord. Construction des grottes de Datong.

420-589 Dynasties du Sud. Invasions par les Huns et les Turcs.

581-618 Dynastie Sui. Invention de l'imprimerie. Début du Grand Canal.

618-907 Dynastie Tang. Invention de la porcelaine et de la poudre.

907-960 Cinq Dynasties et Dix Royaumes.

960-1280 Dynastie Song. Circulation du papier-monnaie.

1279-1368 Dynastie Yuan. Marco Polo en Chine. Premier atlas du monde.

1368-1644 Dynastie Ming. Construction de la Cité Interdite.

1644-1911 Dynastie Qing (mandchoue). Rébellions, guerres de l'Opium.

1911-1949 République de Chine sous Sun Yat-sen puis Chiang Kai-shek.

1934-35 Longue Marche des communistes.

1938-45 Invasion japonaise et Seconde Guerre mondiale.

1945-49 Guerre civile entre nationalistes et communistes.

1949 République populaire de Chine, proclamée par Mao Zedong.

1966-76 Révolution Culturelle.

1976 Mort de Mao, remplacé par Deng Xiaoping. Ouverture des frontières et à l'économie de marché.

1989 Printemps de Pékin écrasé dans le sang sur la place Tiananmen.

1992 Deng relance les réformes économiques.

1997 L'enclave britannique de Hong Kong redevient chinoise.

2001 Beijing est choisie pour accueillir les Jeux Olympiques de 2008.

ITINERAIRES

D ans cette section, les 32 villes et sites les plus visités de Chine sont rangés par ordre alphabétique. Un classement pratique puisque Beijing, la capitale, arrive en premier. Les noms des villes sont écrits en suivant l'orthographe *pinyin* officielle. La dénomination sous laquelle les toponymes étaient connus dans l'ancien système de romanisation Wade-Giles est signalée entre parenthèses : par exemple, Beijing (Pékin). Après cet index géographique, 24 autres villes et sites moins fréquentés par les circuits typiques sont brièvement décrits.

Préparer son voyage

Planifier son itinéraire n'est pas tâche facile, car la Chine est trop grande pour être parcourue en un temps restreint. Une semaine couvrirait à la hâte Beijing, les tombeaux Ming et la Grande Muraille ; les merveilles archéologiques de Xi'an ; les paysages romantiques de Guilin et le tumulte de Shanghai ou de Guangzhou (Canton). Bien sûr, ces voyages passent par les sites les plus connus mais au prix d'incessants trajets et de visites rapides et superficielles.

Une semaine à Shanghai et dans ses alentours, moins éprouvante, met l'accent sur les charmes légendaires de Wuxi, Suzhou et Hangzhou, trois villes situées sur le Grand Canal.

Si vous choisissez l'intérieur du pays, vous pouvez partir pour la célèbre croisière fluviale entre Wuhan et Chongqing, qui remonte les gorges du Yangzi (Yangtzé) avant qu'elles ne soient noyées par le barrage géant des Trois-Gorges, dont la mise en eau complète est prévue pour 2009. De là, prenez l'avion jusqu'à Beijing, Shanghai ou Guangzhou pour visiter les monuments, faire du shopping et goûter à la gastronomie locale.

Ceux qui optent pour la Route de la Soie prennent l'avion de Beijing ou de Xi'an à destination d'Urumqi à l'extrême ouest,

La Grande Muraille de Chine, seul ouvrage humain visible de la Lune.

avant de revenir en passant par le désert et les oasis exotiques de Turpan et de Dunhuang, pour y voir les trésors des grottes bouddhiques et visiter à dos de chameau des lacs cernés de sable.

Une autre option en Chine de l'ouest consiste à visiter la province du Yunnan, une région densément agricole dont le chef-lieu Kunming abrite des membres de la plupart des groupes minoritaires chinois. Près de Kunming, se trouve la Forêt de pierre, un fantastique labyrinthe naturel de formations rocheuses étranges, et au nord-ouest, près de la frontière tibétaine, les villages époustouflants de Dali et Lijiang, habités par des minorités ethniques à peine touchées par la modernité.

Si vous préférez ne pas trop vous éloigner de Beijing, vous pouvez passer une partie de la semaine entre les sculptures des grottes bouddhiques de Datong, les terres mongoles de Hohhot et les temples chinois et tibétains de Chengde.

Vous pouvez bien sûr choisir de combiner deux de ces circuits au cours d'un séjour de deux semaines. Les itinéraires popu-

La colline de la Longévité, à Beijing, pendant les mois d'hiver.

laires comprennent invariablement Beijing, Xi'an, Guilin et Shanghai, chaque ville donnant un aperçu différent du passé tumultueux et du présent résolument moderne de la Chine.

BEIJING (PEKIN)

Bien qu'éprouvante, la visite de la capitale à la fois médiévale et moderne de la Chine consiste en une tournée enrichissante de palais et de musées, de temples et de monuments, de rues et de magasins – une juxtaposition chaotique de faste impérial et de dynamisme contemporain.

Beijing compte plus de 12 millions d'habitants mais ils se répartissent sur une surface immense de quelque 16 800 km². De nombreux quartiers sont bordés d'anciens *hutongs* : ce sont des allées étroites, entourant des maisons traditionnelles à un ou deux étages, qui donnent sur une cour où la vie n'a guère changé depuis la dynastie Qing. Près de ces quartiers pittoresques qui disparaissent rapidement, se trouvent les chantiers immobiliers, les bureaux, les galeries marchandes modernes et les marchés en plein air. Ayant obtenu l'accueil des Jeux Olympiques de 2008, la municipalité envisage d'étendre le réseau de métro, de construire des routes et d'aménager de nouveaux espaces verts.

Dans l'ensemble, la ville est plate – une chance pour les millions de personnes qui se rendent au travail à bicyclette. Vous y assisterez à l'heure de pointe la plus curieuse du monde, avec son tohu-bohu de bus et de camions, et plus de vélos que vous en avez vus de votre vie entière. En 1998, Beijing prit l'incroyable décision d'interdire les bicyclettes dans la rue Xisidong Lu, où il en passait plus de cent par minute.

Au Moyen-Age, les empereurs décidèrent de donner du relief à la capitale. Ils ordonnèrent la construction de collines artificielles au nord de la Cité Interdite, de façon à pouvoir les gravir et, en toute intimité, profiter d'une brise d'été et de la vue panoramique sur les toits de tuiles recourbés de l'enceinte impériale. Allez-y à l'aube de préférence, lorsqu'une légère brume s'enroule autour des pavillons et redessine en les adoucissant les contours de ce paysage digne d'un livre d'images.

Des figures mythologiques sur un toit de la Cité Interdite.

Beijing au fil du temps

Près des banlieues actuelles de Beijing, se trouve la grotte de l'**Homme de Pékin**, site de l'étonnante découverte anthropologique des années 1920. Cette cavité située près de la ville de Zhoukoudian contenait le crâne d'un des lointains ancêtres de l'humanité. Capable de se tenir debout mais doté d'un cerveau de taille réduite, cet homme vivait il y a un demi-million d'années. Les archéologues cherchent encore le reste du squelette, mais les touristes peuvent visiter le chantier.

Des fouilles récentes au centre de Beijing montrent que la ville était déjà habitée il y a plus de 20 000 ans, mais le site n'attira guère l'attention avant les Royaumes Combattants (V^e-IIIe siècles av. J.-C.) lorsque ce lieu, alors connu sous le nom de Jicheng, devint la capitale du royaume des Yan. Rebaptisée Yanjing, la ville servit également de capitale à la dynastie Liao au Xe siècle. Au XIIe siècle, les Jin la renommèrent Zhongdu (« capitale du centre ») et y construisirent un palais impérial ainsi que le pont Lugou, encore en service, généralement appelé pont Marco-Polo par les Occidentaux.

Les armées mongoles de Genghis Khan rasèrent Zhongdu au XIIIe siècle, puis la reconstruisirent sous le nom de Dadu (« grande capitale »). Lorsque Marco Polo arriva sur les lieux, la ville éclipsait déjà les capitales d'Europe. Au XIVe siècle, la dynastie Ming transféra la majorité de la cour impériale au sud de Nanjing. Evidemment, le nom de Dadu changea une nouvelle fois pour devenir Beiping (« paix du nord »). La ville dut toutefois attendre plus de 50 ans avant de retrouver son statut impérial et d'adopter une nouvelle dénomination, qui devait lui rester : Beijing (« capitale du nord »). Heureusement, les palais et les temples Ming existent encore eux aussi.

Au début de la dynastie Qing, Beijing prospérait. De nouveaux palais et jardins furent dessinés et l'érudition s'épanouit. Mais pendant la guerre des Boxers de 1900, les armées européennes dévastèrent la cité, en guise de représailles pour le siège de leurs ambassades. Ce ne fut que la première des nombreuses épreuves qui allaient secouer Beijing au XXe siècle : la chute de l'empire, la proclamation de la République de Chine, deux conflits mondiaux et la guerre civile. En 1949, Beijing devint la capitale de la nouvelle République populaire de Chine.

Le cœur historique de Beijing se compose de trois villes concentriques, rectangulaires et symétriques, et d'une quatrième, la Ville extérieure, au sud. La plupart des interminables remparts qui protégeaient chacune des quatre cités ont disparu avec le « progrès », mais la plus centrale, la Cité Interdite, scintille encore derrière ses fortifications d'origine.

L'élégance du plan de la ville, âgée en fait de 700 ans, reste inégalée. Un axe nord-sud en relie les principaux éléments, de la tour de la Cloche jusqu'à la porte de la Ville extérieure, à 8 km au sud. Au centre, se trouve la Cité Interdite, le cœur impérial de l'Empire du Milieu.

La place Tiananmen

Baptisée la plus grande esplanade du monde, la **place Tiananmen** (« de la paix céleste ») occupe 40 hectares en plein centre de Beijing. La place fut au cœur de l'attention médiatique lors des manifestations estudiantines de 1989 et de leur dénouement sanglant *(voir p. 44)*. En contraste, elle accueille maintenant de fréquentes festivités et arbore de magnifiques massifs de fleurs et des fontaines étincelantes.

A l'époque impériale, la place ne couvrait qu'un quart de sa surface actuelle. Sur l'ancienne esplanade, moins étendue, Mao Zedong hissa pour la première fois le drapeau du nouveau régime, le 1er octobre 1949. Cinquante ans plus tard jour pour jour, la République populaire fêtait son jubilé, les parpaings de béton de la place ayant été remplacés par d'imposants blocs de granite.

Le bâtiment le plus récent de la place, le **mausolée de Mao** (Mao Zhuxi Jiniantang, ouvert tlj 8h30-11h30 et 13h-15h30) abrite le corps embaumé de l'homme qui dirigea la République populaire pendant ses 27 premières années. Le monument, plus grand que le tombeau de Lénine sur la place Rouge de Moscou, se visite. Les touristes forment une véritable procession et ne sont pas autorisés à rester à l'intérieur plus de quelques minutes. Un bâtiment grandiose à l'ouest de la place, le **palais de l'Assemblée du Peuple** (Renmin Dahuitang), érigé en 1959, abrite le siège du Congrès national populaire, l'assemblée législative chinoise ; des visites guidées y sont organisées. Au milieu de la place, se dresse le **monument aux Héros du peuple** : c'est une énorme obélisque de granite, que le mouvement démocratique de 1989 avait choisi comme point de rassemblement.

De l'autre côté de la place, un bâtiment unique abrite deux musées. Le **musée d'Histoire de la Chine** (Zhongguo Lishi Bowuguan, ouvert mar-dim 8h30-15h30) expose 9 000 objets, notamment des fossiles préhistoriques, des poteries et des bronzes exceptionnels. Le **musée d'Histoire de la Révolution** (Zhongguo Gemin Bowuguan, ouvert mar-dim 8h30-15h30) renferme des documents et des objets du Parti communiste. Les indications ne sont qu'en chinois, mais vous pouvez acheter un guide illustré en français au kiosque situé à gauche de l'entrée.

Au nord, en traversant l'avenue Changan depuis la place Tiananmen en direction de la Cité Interdite, se dresse la porte Tiananmen ou **porte de la Paix Céleste** (ouverte tlj 9h-16h), ornée

La Cité Interdite resta fermée au peuple ordinaire pendant 500 ans.

de son fameux portrait de Mao. Au sommet de cet impressionnant mur de pierre, une estrade permet d'effectuer la revue des troupes en parade. Derrière, se dresse un énorme portique en bois doté d'un double toit. La porte d'origine, qui date du XVᵉ siècle, fut reconstruite en 1651. Les touristes peuvent désormais admirer la place du haut de la porte, un point de vue naguère réservé aux empereurs et souverains.

La Cité Interdite (Gu Gong)

A la différence de nombreuses villes européennes, Beijing est trop étendue pour pouvoir y flâner à pied. A l'exception de la Cité Interdite. Celle-ci s'étend sur plus de 72 hectares de palais, de cours et de jardins somptueux. Cette enceinte rectangulaire est entourée de douves assez larges pour une bataille navale.

La **Cité Interdite** (ouverte tlj 8h30-16h30 en été, 8h30-15h30 en hiver), ainsi baptisée parce qu'elle resta interdite d'accès aux gens ordinaires pendant près de 500 ans, s'appelle maintenant le Vieux Palais ou Palais impérial (Gu Gong). Prévue pour contenir le nombre magique de 9 999 pièces, elle affiche une échelle

Un des lions en bronze qui gardent l'entrée de la Cité Interdite.

gigantesque qui déroute la plupart des visiteurs. Edifiée entre 1406 et 1420, elle fut pendant sept siècles la résidence de 24 empereurs.

Les touristes entrent normalement dans la Cité Interdite par le sud, après avoir parcouru la longue rue pavée qui part de la porte de la Paix Céleste. L'entrée principale dans l'enceinte, la **porte du Méridien** (Wumen), date du XVe siècle. Les fonctionnaires utilisaient le portail de gauche, et les membres de la famille impériale celui de droite. Plus loin, se dresse la **porte de l'Harmonie Suprême** (Taihemen), érigée pour la première fois en 1420. Symboles de puissance, deux lions de bronze monumentaux et d'aspect féroce, montent la garde à l'entrée.

Au-delà de cette puissante ligne de défense, se trouve le plus bel ensemble d'architecture ancienne de Chine. Tout d'abord, la **salle de l'Harmonie Suprême** (Taihe Dian), souvent appelée salle du trône impérial. Il s'agit du plus grand édifice de la Cité Interdite et d'une des plus belles structures en bois de Chine. Pendant des siècles, sous les dynasties Ming et Qing, elle fut le plus haut bâtiment de Beijing ; par interdiction légale, aucune construction ne pouvait la dépasser : en prenant en compte les décorations du toit recourbé, la limite était fixée approximativement à 37,50 m. A l'intérieur, sur une plate-forme surélevée, le Fils du Ciel siégeait sur un trône orné de dragons ; baigné dans une brume d'encens, il était entouré de symboles de longévité et de pouvoir et de gardes du corps serviles. Au son de

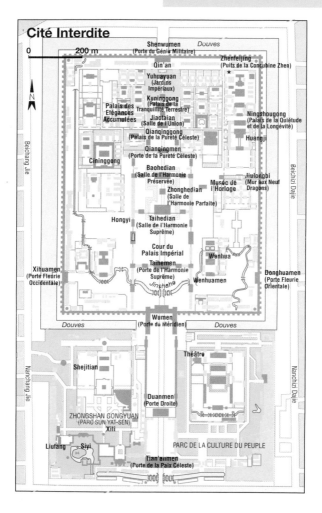

Cité Interdite

0   200 m

N

Shenwumen
(Porte du Génie Militaire)   Douves

Zhenfeijing
(Puits de la Concubine Zhen)

Qin'an

Yuhuayuan
(Jardins Impériaux)

Palais des
Elégances
Accumulées

Kuninggong
(Palais de la Tranquillité Terrestre)

Jiaotaian
(Salle de l'Union)

Ningshougong
(Palais de la Quiétude et de la Longévité)

Qianqinggong
(Palais de la Pureté Céleste)

Qianqingmen
(Porte de la Pureté Céleste)

Huangji

Cininggong

Baohedian
(Salle de l'Harmonie Préservée)

Musée de
l'Horloge

Jiulongbi
(Mur aux Neuf Dragons)

Zhonghedian
(Salle de l'Harmonie Parfaite)

Hongyi

Taihedian
(Salle de l'Harmonie Suprême)

Cour du
Palais Impérial

Taihemen
(Porte de l'Harmonie Suprême)

Wenhua

Jinshan

Wenhuamen

Xihuamen
(Porte Fleurie Occidentale)

Donghuamen
(Porte Fleurie Orientale)

Douves

Wumen
(Porte du Méridien)

Douves

Shejitian

Théâtre

Duanmen
(Porte Droite)

ZHONGSHAN GONGYUAN
(PARC SUN YAT-SEN)

Xitu

PARC DE LA CULTURE DU PEUPLE

Liufang   Siyi

Tian'anmen
(Porte de la Paix Céleste)

Beichang Jie   Beichizi Dajie   Nanchang Jie   Nanchizi Dajie gongs et de carillons, les visiteurs s'agenouillaient et se prosternaient neuf fois au pied du trône.

Les rencontres moins formelles avaient lieu dans la **salle de l'Harmonie Parfaite** (Zhonghe Dian), plus petite et dotée d'un toit doré, derrière la salle de l'Harmonie Suprême. Le troisième bâtiment de cette série, la **salle de l'Harmonie Préservée** (Baohe Dian) servait de salle d'examen pour les premiers concours d'entrée à la fonction publique du monde. Derrière ce hall, au milieu d'un escalier, se trouve une rampe entièrement recouverte de sculptures de dragons gravées dans un seul bloc de marbre de plus de 200 tonnes. Cette rampe était réservée au palanquin de l'empereur. Des milliers d'ouvriers suèrent sang et eau pour transporter le bloc depuis la carrière, située à 48 km de là ; planification ingénieuse, le transport eut lieu en plein hiver de façon à ce que la charge puisse glisser sur les routes gelées.

Vers le nord, la densité de bâtiments dans la Cité Interdite augmente considérablement, en passant de la Cour extérieure, où les affaires officielles étaient conduites, aux salles et pavillons de la Cour intérieure, où vivaient l'empereur, la famille impériale et la cour. Plusieurs des anciens palais exposent à présent des objets d'art et des biens plus prosaïques des empereurs. Sur la droite, le musée de l'Horloge et la salle des Bijoux, collections de cadeaux offerts aux empereurs, valent le détour. Ne manquez pas non plus le **mur aux Neuf Dragons** (Jiulong Bi), sculpté sous les Ming en 1775.

> **Pendant près de 2 000 ans, les empereurs chinois exigèrent que leurs serviteurs mâles soient des eunuques, afin de protéger leurs concubines. Les Ming en auraient eu jusqu'à 20 000. Mais en 1911, la Cité Interdite ne comptait plus qu'un millier d'eunuques.**

Au bout de la Cité Interdite, au nord, les pavillons où résidait la famille impériale débouchent sur les **Jardins impériaux** (Yuhua Yuan), qui comprennent de magnifiques rocailles et un temple taoïste remontant à la fin de la construction de la Cité Interdite en 1420.

Deux parcs

Juste au nord de la Cité Interdite, le long du principal axe impérial, s'étend le **parc Jingshan** (ouvert tlj 6h-21h), mieux connu sous le nom de Montagne de Charbon. Point culminant du vieux Beijing, la colline fut érigée avec la terre déblayée par la construction du réseau de douves de la Cité Interdite. Chacun des cinq pics artificiels fut doté d'un pavillon de style romantique. Sur le sommet du milieu, le pavillon des Dix Milles Sources (Wanchunting), avec ses trois étages, offre une vue imprenable sur les toits étincelants du Palais impérial, avec en toile de fond les immeubles de la capitale moderne.

Le Dagoba blanc surplombe le parc Beihai.

Le **parc Beihai** (« parc de la mer du nord », ouvert tlj 9h-21h), le préféré des habitants de Beijing, est un site pittoresque depuis des centaines d'années. Son lac, que les jeunes couples sillonnent désormais dans des barques de location, fut creusé au XIIᵉ siècle. L'élégant pont de la Tranquillité Eternelle (Yongan Qiao) conduit à une île artificielle de 1,5 km de circonférence. La rive nord est ornée d'un long déambulatoire couvert. Sur une colline, au milieu de l'île, derrière le temple Yongan, se dresse une pagode bouddhique de style tibétain, le **Dagoba blanc** (Bai Ta). Construit en 1651 pour commémorer la première visite du dalaï-lama à Beijing, il culmine à 35 m de haut. Il occupe l'emplacement de la résidence d'hiver de Kublai Khan. Au printemps, la pagode semble éclater de verdure. En été et en automne, Beihai est le plus beau parc de la ville où se promener.

Le parc du Temple du Ciel

Le **parc du Temple du Ciel**, ou parc Tiantan (ouvert tlj 6h-21h), est le plus vaste de Beijing. Ses superbes édifices du XVe siècle l'ont rendu célèbre, notamment le **temple de la Prière pour de Bonnes Récoltes** (Qinian Dian), un bâtiment circulaire au toit de tuiles bleues. Cette merveille de géométrie, d'art et d'ingénierie, construite sans utiliser un seul clou, mesure 37,50 m de haut, y compris le globe doré qui couronne son toit supérieur. En 1889, le temple fut presqu'entièrement réduit en cendres après avoir été frappé par la foudre. Heureusement, les dégâts furent rapidement réparés et l'édifice retrouva sa splendeur d'origine.

Au premier mois de l'année lunaire, l'empereur y était transporté en procession, afin de prier pour des récoltes abondantes. Le plan au sol du temple donne la clef de l'utilité du bâtiment. Les quatre colonnes centrales représentent les saisons ; puis suivent deux cercles concentriques de douze colonnes chacun, pour les mois et les douze périodes de deux heures qui divisent le jour ; enfin, les 28 piliers de bois dur symbolisent les différentes constellations célestes.

Bien que l'accès au temple soit désormais interdit aux touristes, il est toujours possible d'en apercevoir l'intérieur coloré de dehors. Parmi les autres attractions du parc, figurent l'**autel du Ciel** (Haunqiutan), une triple terrasse entourée de 360 balustres représentant les jours de l'année lunaire, et le mur aux échos, où le moindre chuchotement, mystérieusement amplifié, ricoche d'un côté à l'autre de l'immense cour, sans l'intervention d'aucune technologie moderne.

Ce parc est le meilleur endroit de Pékin où observer les adeptes du *taiqi* s'adonner à leurs exercices matinaux, ou encore des calligraphes au travail ou des représentations d'opéra.

Des temples incontournables

Le temple de Beijing le plus populaire est une lamaserie du XVIIe siècle, ou palais de l'Harmonie Eternelle (Yonghe Gong), ou encore **temple du Lama** (ouvert mar-dim 9h-16h). Il était à l'origine le palais du prince qui devint ensuite l'empereur

Le superbe portail en bois qui marque l'entrée du temple du Lama.

Yongzheng. L'ensemble majestueux de bâtiments en bois, qui compte presque mille pièces, a été minutieusement restauré. Ce temple rappelle les efforts consentis au XVIIIe siècle pour unifier la Chine, la Mongolie et le Tibet.

De l'autre côté de la rue, un peu plus bas dans une ruelle étroite après la lamaserie, se trouve le lieu de culte le plus paisible de Beijing : le **temple de Confucius** (Kongzi Miao). Statues et tablettes de pierre honorent le sage antique. D'autres temples, dans des styles différents, sont intéressants : le **temple de la Grande Cloche** (Dazhong Si, ouvert mar-dim 8h30-16h30) abrite la plus grande collection chinoise de cloches anciennes ; le **temple du Dagoba Blanc** (Baita Si, ouvert tlj 8h30-17h30) arbore un *stupa* tibétain du XIIIe siècle, le plus grand de Chine, récemment rénové ; le **temple des Cinq Pagodes** (Wuta Si, ouvert tlj 8h30-16h30) renferme des sculptures inspirées d'Inde ; et au **temple des Nuages Blancs** (Baiyun Guan, ouvert tlj 8h30-16h30), haut lieu de culte taoïste, les moines sont très jeunes ou très vieux à cause des persécutions de la Révolution Culturelle.

Des monuments scientifiques

L'**Ancien Observatoire** de Beijing (Gu Guanxiangtai, ouvert mer-dim 9h-11h et 13h-16h), construit en 1442, se dresse sur un fragment de l'ancienne muraille, dans la rue la plus animée du centre, Jianguomenwaida Jie. Plusieurs des instruments en bronze, des cadrans solaires et des sextants exposés à l'intérieur et sur le toit de l'observatoire sont des cadeaux des missionnaires jésuites qui vivaient dans la capitale au XVIIe siècle.

Le **zoo de Beijing** (Beijing Dongwuyuan, ouvert tlj 7h30-17h30), le plus grand de Chine, dans le quartier nord-ouest de la ville, possède maintenant un pavillon à part, à la fois couvert et en plein air, pour ses pandas géants. Les bâtiments antérieurs – certains datent de la dynastie Qing – abritent des tigres de Mandchourie, des yacks tibétains, des léopards des neiges et le cerf du Père David, surnommé par les Chinois « *l'invraisemblable quadrupède* » car il présente des caractéristiques propres à la fois au cerf, au renne, au bœuf et à l'âne. Le zoo est apprécié des enfants du pays, mais la plupart des touristes étrangers trouvent les équipements vétustes.

Des quartiers menacés

Dans la Beijing ancienne, les principales voies quadrillaient la ville en un damier dont chaque case était remplie d'un lacis de ruelles. Les maisons – quatre pavillons autour d'une cour – formaient autant d'espaces clos dont certains sont encore visibles aujourd'hui.

Les *hutongs* partent du même principe. Après l'invasion mongole du XIIIe siècle, les habitants de Beijing commencèrent à disposer leurs maisons basses autour de cours carrées protégées par un mur percé de quelques rares ouvertures. Ainsi se formèrent ces ruelles juste assez larges pour le passage d'un cavalier. Malgré la menace des bulldozers, les *hutongs* sont encore nombreux dans le district de Chongwen, autour du marché aux oiseaux (près du lac Longtan), au sud-est de Liulichang, aux abords de Dazhalan Jie, à l'est de Xidan Dajie et au nord du parc Beihai.

Plutôt que de rénover ses infrastructures vieillissantes, le zoo de Beijing vient d'ouvrir le nouvel **Aquarium de Beijing** (ouvert tlj 7h30-17h30), lui aussi le plus grand de Chine, aménagé sur un terrain adjacent. Avec sa population de baleines, de dauphins et 50 000 espèces de poissons, l'énorme complexe en forme de conque comprend un bassin à marées interactif, organise des spectacles de mammifères marins et possède quelques-uns des plus grands panneaux d'observation du monde.

Qianmen Dajie, un des quartiers encore traditionnels de Beijing.

Les hutongs et les cours

Bénéficiant d'une popularité grandissante face à la menace des bulldozers, les **hutongs** et les maisons traditionnelles de Beijing valent le détour. Chaque année, l'étendue de ces vieux quartiers se réduit au fur et à mesure que la ville se régénère. Malgré tout, vous pouvez encore vous inscrire pour la visite guidée d'un *hutong* en cyclo-pousse. Parcourant les ruelles du vieux quartier du lac, au nord du parc Beihai, ces cortèges de vélos-taxis font étape à l'ancienne **tour du Tambour** (Gulou, ouverte tlj 8h30-16h) pour vous permettre d'apprécier le panorama, au **palais du Prince Gong** (Gongwangfu) pour le thé et parfois pour assister à un opéra donné dans une luxueuse demeure Ming, et dans une maison traditionnelle avec sa cour, typique des *hutongs*, où vous rencontrerez les habitants de la Beijing traditionnelle.

S'il vous reste assez de temps pour parcourir d'une façon plus approfondie ces vieux quartiers, allez chiner sur les marchés du weekend dans les quartiers des lacs Qianhai et Houhai. Vous y verrez **Songqingling Guzhu**, l'ancienne résidence de Song Qingling (la femme du fondateur de la Chine moderne, Sun Yat-sen), qui vécut dans cet hôtel particulier après la Révolution. Elle abrite aujourd'hui un musée de famille (ouvert mar, jeu-dim 8h30-11h30 et 13h30-16h).

Les quartiers commerçants

Les principaux marchés et les rues commerçantes font partie des zones qu'on peut parcourir à pied. La principale artère de shop-ping de la capitale, **Wangfu-jing**, au nord à quelques centaines de mètres de la Cité Interdite, est jalonnée de bou-tiques flambant neuves, mal-gré la présence de quelques galeries, d'échoppes sécu-laires d'art et d'artisanat, et

> **La ruelle la plus étroite de Beijing est Qianshi Hutong : elle atteint à peine 38 cm au point le plus étroit. Yichi Dajie est la rue la plus courte : elle s'étire sur 9 m.**

d'anciens grands magasins. Au sud de la place Tiananmen, la **rue Liulichang** a été restaurée dans le style Ming d'origine. C'est un paradis de shopping. Liulichang, le meilleur marché d'antiquités de Beijing, s'étend à l'est jusqu'à la rue piétonnière Dazhalan, célèbre pour ses soieries et ses bijouteries.

Sur les marchés en plein air, les visiteurs doivent marchander longuement. L'**allée de la Soie**, la plus connue mais beaucoup trop chère, se spécialise dans les vêtements de couturiers. Le marché Yabao, près du parc Ritan, souvent surnommé le marché russe, propose d'autres vêtements et fourrures. Le marché Hongxiao, près du temple du Ciel, regorge de vêtements, d'ob-jets d'artisanat et de perles de culture. Le marché le plus pitto-resque, Panjiayuan (marché aux puces), commence à l'aube le dimanche ; ses étals arborent des objets de collection, des anti-quités, des trésors de famille, de l'art funéraire, des tapis tibé-tains, des meubles et des souvenirs de Mao.

Le palais d'Eté

Le nom chinois de cette union exceptionnelle de beauté natu-relle et de réalisations humaines est **Yihe Yuan** (« parc de l'Har-monie Entretenue », ouvert tlj 6h30-18h). Pour les étrangers, ce

domaine impérial de 280 hectares est tout simplement le **palais**
d'Eté. En réalité, les palais, pavillons, temples et salles
construits il y a 250 ans n'occupent qu'une petite partie de ce
jardin de rêve. Le lac Kunming en est l'élément principal.

Les historiens contemporains s'indignèrent du fait que, sous
la dynastie Qing, les fonds destinés à la marine impériale fussent
détournés pour sans cesse embellir le parc privé de Yihe Yuan.
Sans doute le **bateau de marbre** à deux étages, au bord du lac,
fut-il le caprice le plus extravagant pour lequel l'impératrice
douairière Cixi dilapida le budget de la marine. Elle y organisait
des réceptions fastueuses. Vous pourrez admirer ce monument à
la folie royale, mais vous ne pourrez pas monter à bord.

Parmi les édifices remarquables du parc, figurent le palais de
la Joie et de la Longévité (Leshou Tang) et le pont à Dix-Sept
Arches. Pourtant, la magnifique **Longue Galerie** (Changlang)
s'impose comme le clou de la visite. Ce déambulatoire couvert
en bois de 728 m de long, jalonné de pavillons octogonaux, est

Le pavillon des Nuages Précieux, au palais d'Eté de Beijing.

orné de tableaux de paysages et de légendes chinoises illustrées. C'est comme si un long manuscrit de l'antique Cathay se déroulait sous vos yeux, comme une galerie au bord de l'eau où toute l'histoire de l'Empire du Milieu se trouve retracée.

Près du palais d'Eté, se trouve l'**ancien palais d'Eté** (Yuanming Yuan), jadis la résidence d'été de l'empereur. En 1860, les soldats britanniques et français rasèrent la quasi-totalité de ces édifices imposants, y compris un complexe construit sur le modèle de Versailles. Ses ruines fantasmagoriques fournissent une aire de pique-nique idyllique.

Excursions à partir de Beijing

Le trajet jusqu'à la Grande Muraille condense l'histoire du pays, passant de la capitale moderne aux banlieues où des charrettes à âne et des bicyclettes lourdement chargées se partagent la route, puis près de fermes séculaires, jusqu'à une rude chaîne de montagnes où un million de travailleurs emmurèrent un empire.

La Grande Muraille

A 80 km environ au nord-ouest de Beijing, s'étire le pan de la Grande Muraille le plus visité, à Badaling. A l'instar de toutes les merveilles du monde, la **Grande Muraille** s'avère bien plus impressionnante en réalité que dans n'importe quel livre ou film .

> **Le dessus de la Grande Muraille est conçue de manière à ce que dix hommes ou cinq à six cavaliers puissent y circuler de front. Des tours fortifiées, des postes de guet et des garnisons complètent le système de défense.**

Les premiers éléments de ce complexe de remparts furent construits il y a plus de 2 000 ans, mais l'extension et la consolidation de l'édifice près de Beijing ne commença que sous la dynastie Ming, au XIVe siècle. La muraille de pierre sinueuse et le chemin de ronde surélevé à son sommet furent baptisés Wanlichangcheng, soit le « mur de dix mille *li* de long » (environ 6 000 km, le *li* étant une unité de distance). Construite en blocs de granite, ce serait le seul ouvrage humain visible depuis la Lune.

A **Badaling**, la portion restaurée de la muraille, qui gravit en ondulant les flancs étonnamment escarpés des collines, s'avère une épreuve d'endurance. Nombreux sont les visiteurs qui, en cours de route, échangent à bout de souffle des sourires compatissants tout en escaladant l'une ou l'autre tour de guet. Si vous poursuivez assez loin à l'ouest, vous atteindrez une partie de la muraille qui n'a pas été restaurée, en bordure du désert de Gobi.

De nos jours, la section de Badaling est souvent envahie par la foule. Deux autres portions offrent un accès relativement facile aux touristes : **Mutianyu**, aussi belle que celle de Badaling, mais un peu moins abrupte, et **Simatai**, plus éloignée de Beijing (à 100 km au nordest) que les deux autres et pratiquement non restaurée. Simatai est le site le moins fréquenté, mais aussi le plus fidèle à la structure d'origine. Bien qu'il soit équipé d'un funiculaire, Simatai s'affiche encore comme « *la section la plus dangereuse de la Grande Muraille* ».

C'est à Simatai que la Grande Muraille est la plus authentique.

Les tombeaux Ming

Sur le chemin de la Grande Muraille, s'ouvre la vallée paisible que les empereurs Ming choisirent pour mausolée. En 1407, l'empereur Yongle ordonna que soit trouvé un site de sépulture idoine, pourvu de conditions « *de vent et d'eau* » propices et d'une majesté appropriée. Ce site s'avéra si parfait que treize des seize souverains Ming y furent inhumés.

Une grande entrée en marbre de plus de quatre siècles ouvre la voie sacrée qui mène aux **Treize Mausolées** (Shisan Ling). La porte principale compte trois arches ; celle du milieu n'était utilisé qu'une seule fois par règne, pour le transport du corps de l'empereur vers sa dernière demeure. Au-delà, la voie des Esprits (Shendao) est flanquée de 36 énormes gardiens de pierre, parmi lesquelles douze dignitaires militaires et civils et douze paires d'animaux (lions, chameaux, éléphants, chevaux, etc.).

Chang Ling, le plus grand tombeau, abrite la dépouille de l'empereur Yongle lui-même, décédé en 1424. Son palais des Faveurs Eminentes (Lingen Dian) compte parmi les plus grandes constructions en bois de Chine. Les 32 piliers dorés soutiennent le plafond à caissons taillés dans un arbre énorme dont le transport depuis le sud-ouest du pays prit plus de cinq ans.

Un des guerriers de pierre qui flanquent la voie des Esprits.

Quatre-vingt-onze marches descendent sous terre jusqu'à **Ding Ling**, le tombeau de l'empereur Zhu Yijun (1573-1620). Trente mille travailleurs mirent six ans, de 1584 à 1590, pour construire ce palais souterrain. La plupart des insignes impériaux et des objets d'art qui y sont exposés, notamment les réceptacles rouges en bois visibles dans le caveau, sont des copies des vestiges découverts lors des fouilles des années 1950.

Les tombeaux Qing

Pour les visiteurs qui trouvent le site des tombeaux Ming bondé et terne, il y a une autre option, fascinante. Les **tombeaux Qing** (Dongqing Ling) imitent l'architecture antérieure des Ming, mais sont plus grandioses et mieux restaurés. Ils sont aussi deux fois plus loin de Beijing, à 125 km à l'heure par des routes lentes mais intéressantes. Des neufs tombeaux ouverts au public, ceux des deux plus puissants empereurs mandchous, Qianlong et Kangxi, sont impressionnants, tandis que celui de

Ce diadème a été découvert dans les tombeaux Ming.

l'impératrice douairière Cixi (1835-1911) présente une architecture aussi élaborée que bizarre.

CHANGSHA

Si vous vous rendez à Changsha en train, vous arriverez dans la deuxième plus grande gare de Chine, une distinction sans rapport avec l'importance du trafic ferroviaire ni la taille de la ville. La raison en est que jusqu'à la fin des années 1970, des légions de pèlerins convergeaient vers ce chef-lieu de province à la recherche des racines de Mao Zedong. A présent que le culte de Mao n'est plus aussi vivace, la foule a déserté les gares et les sanctuaires, et Changsha a repris son ancien rôle, plus prosaïque, de carrefour régional du commerce et de la culture. Pourtant, la ville vaut le détour, ne serait-ce que pour ses belles campagnes fertiles, la cuisine épicée du Hunan, ses pittoresques chaînes de montagnes et ses vestiges archéologiques.

Capitale de la province du Hunan, **Changsha** se situe le long du fleuve Xiang, un large affluent du Yangzi dont les flots sont

Deux cordonniers de rue au travail dans le centre de Changsha.

souvent turbulents. La longue bande de terre de l'**île aux Oranges** (Juzizhou), réputée pour ses agrumes entre autres productions, divise le fleuve en deux parties égales. Au début du XXᵉ siècle, elle abritait une petite communauté de commerçants occidentaux et de missionnaires. Le pavillon à l'extrémité sud de l'île donne une vue d'ensemble sur les sampans, les convois de péniches et les paquebots. Sur l'autre rive du fleuve, des forêts parfumées couvrent les pentes du **mont Yuelu**, qui permet de se réfugier à l'abri des chaleurs subtropicales en été. Un des arbres à feuillage persistant du **temple Lushan**, situé à flanc de coteau, a plus de 1 700 ans. Yunlu Gong, le pavillon de la dynastie Qing au sommet, offre un beau panorama.

Pour l'ensemble des touristes, l'attraction principale de la région se trouve au nord-est de Changsha : c'est le **musée provincial du Hunan** (ouvert tlj 8h30-12h et 14h30-17h), qui abrite des reliques réputées de la dynastie Han, notamment des soies, des céramiques et des laques d'une élégance infinie, ainsi que de charmantes figurines et des instruments de musique. Ces vestiges ont survécu car ils avaient été enterrés dans des cercueils à part à l'intérieur des tombeaux souterrains des souverains. Les merveilleux coffrets en bois proviennent des tombes royales de **Mawangdui**, tout comme la plus belle pièce du musée : la momie remarquablement préservée, enveloppée de soie, de l'épouse du marquis de Dai, Tohou, qui mourut à 50 ans en 186 av. J.-C. Plus de 2 000 ans plus tard, elle n'a perdu aucun de ses cheveux et son expression demeure inchangée.

A Changsha, les touristes vont parfois visiter l'usine de broderie de la région, où cette tradition artisanale prospère depuis deux millénaires. Les artistes de l'entreprise peignent des motifs originaux, en général des paysages, des animaux, des oiseaux ou des fleurs, que les artisans reproduisent ensuite point par point en soie de couleur vive. Les broderies à double face (une image différente de chaque côté du tissu) font la fierté des ouvriers.

Changsha possède également des sites liés à Mao et à la Révolution, notamment la première **Ecole de formation des enseignants du Hunan** (Diyishifan, ouverte tlj 8h-18h). Reconstruite en 1968, elle ressemble à un monastère européen, avec son cloître et ses jardins. Pendant la Révolution Culturelle, les visiteurs envahissaient l'institution tous les jours, car c'est là que Mao étudia de 1913 à 1918 et enseigna plus tard. La salle de classe, avec ses trente bureaux, dont celui où s'asseyait Mao, se visite, ainsi que le dortoir où il dormait sous une moustiquaire.

Depuis le centenaire de la naissance de Mao (1893), des millions de visiteurs se sont rendus au village de **Shaoshan**, lieu de naissance du dirigeant, à deux heures de bus de Changsha. Principaux sites d'intérêt, la maison natale de Mao, qui s'avère plutôt grande par rapport aux habitations habituelles de la région, et le musée exposant toutes ses œuvres, disposées en double dans deux ailes identiques pour multiplier la capacité d'accueil.

Excursions dans le Hunan

Les amateurs de plein air et les voyageurs indépendants auront peut-être le temps d'explorer deux des sites naturels les plus spectaculaires du Hunan. A 112 km au sud de Changsha, le **mont Heng du Sud** (Heng Shan, aussi appelé Nanyue) est une des cinq montagnes sacrées de Chine dans le panthéon taoïste. Ses 18 temples, ses monastères et ses contours baignés de brume valent la peine d'y passer une journée.

Wuling Yuan, une vaste réserve naturelle, mieux connue par les Chinois sous le nom de Zhangiajie, se trouve à 350 km à l'ouest de Changsha. Ce parc national, classé au patrimoine mondial de l'Unesco, possède de spectaculaires labyrinthes et des pitons en quartz, d'énormes grottes de calcaire, des rapides, des chemins de randonnée escarpés et des villages de minorités.

CHENGDE

En été, le voyage à Chengde, à environ 250 km au nord-est de Beijing, pourrait bien représenter un des plus beaux de toute la Chine. Les champs fertiles alternent avec des collines ro-cailleuses, des arbres qui semblent pousser comme par miracle et des fleurs sauvages. Dans les hameaux traversés en cours de route, vous verrez des maisons bien entretenues, au toit de chau-me ou de tuiles traditionnelles et dont l'extrémité se relève vers le ciel comme une aile. Dans les champs, le travail s'effectue en grande partie à la main et lorsque les animaux ne sont pas dispo-nibles, ce sont des hommes harnachés qui effectuent les durs tra-vaux de labour. **Chengde** elle-même ressemble, à première vue, à toute autre ville industrielle du nord de la Chine, mais la mo-notonie est rompue par d'anciens temples merveilleusement si-tués et un jardin d'agrément impérial assez important pour être protégé par un mur d'enceinte de 10 km.

Les palais et jardins de Chengde étaient la résidence d'été de la dynastie Qing. Tout commença en 1703 avec l'empereur Kangxi qui y fit aménager des pavillons, des lacs et des terrains de chasse pour en faire un second palais d'été. Kangxi nomma ces parcs majestueux **Bishu Shanzhuang** (ouverts tlj 8h-17h30), ou « hameau de montagne pour fuir la chaleur ». En effet, l'altitude de 350 m environ soulage de la chaleur estivale, tout comme les montagnes, les forêts et les rivières alentour.

Les visiteurs pénètrent dans ce lieu de villégiature royal par la grandiose porte Lizheng, flanquée de deux lions en marbre.

L'ancien palais et les pavillons des souverains abritent désormais des musées. Parmi les œuvres exposées, figurent des arcs, des flèches, des fusils à silex, de rares objets en jade ou en porcelaine, et les chaises à porteur dans lesquelles les empereurs se faisaient transporter depuis Beijing. La chambre de l'empereur se trouve dans le pavillon des Eaux Voilées d'Embruns. D'une élégance majestueuse, les palais et les cours exhalent aussi une sérénité appropriée au cadre. Les galeries en bois dépouillé reliant les bâtiments contrastent avec le corridor richement illustré du palais d'Eté de Beijing, dont la superficie ne représente pourtant que la moitié de celui de Chengde.

Le paysage au-delà du palais comprend plusieurs éléments romantiques de tradition chinoise : des lacs interconnectés, des bassins recouverts de lotus, des forêts, des chaussées et des ponts voûtés, des pavillons richement ornés et des pagodes imposantes. Au bord du lac, la tour de Brume et de Pluie (Yanyu Lou), un pavillon à deux étages dans le style du sud, était appré-

Le pavillon des Eaux Voilées d'Embruns, d'une sereine élégance.

cié des empereurs pour les panoramas brumeux qu'elle offre, à l'image des tableaux chinois antiques.

Les touristes peuvent traverser les lacs dans des barques poussées par une perche ou dériver à leur propre rythme dans des bateaux à rames. Au nord des lacs, vous trouverez des sentiers de randonnée dans le **parc des Dix Milles Arbres** (Wanahu Yuan) où l'empereur Qianlong accorda audience en 1793 au premier ambassadeur britannique à mettre le pied en Chine, Lord Macartney. L'entretien ne se passa pas très bien.

Au-delà du mur qui enserre le palais et ses jardins, s'élèvent les toits exotiques des huit **Temples Extérieurs**, construits par les empereurs entre 1713 et 1779 pour honorer et impressionner les Tibétains, les Kazakhs et autres peuples du nord. Les deux plus grands temples sont d'un style tibétain. Le **temple de Xumifushou** (ouvert tlj 8h-18h) fut construit en 1780 en l'honneur du sixième panchen-lama, qui vint à Chengde pour le soixante-dixième anniversaire de Qianlong. Ses hauts murs rouges entourent un pavillon dont le toit doré utilise une tonne d'or. A 1,5 km, le **temple de Putuozongcheng** (ouvert tlj 8h-17h30), le plus grand de Chengde, se veut une copie miniature du célèbre Potala, la résidence du dalaï-lama à Lhassa (*voir p. 196*). L'ascension de 164 marches est si abrupte que les chaises à porteurs réalisent des affaires lucratives auprès des touristes fatigués.

CHENGDU

Un temps doux et souvent brumeux permet à **Chengdu** de rester verdoyante et aux fleurs d'y pousser toute l'année. C'est un type de climat qui convient bien au bambou, l'aliment de base du panda géant. La **Réserve d'élevage et de recherche sur les pandas géants** (ouverte tlj 8h-18h), à 11 km au nord-est du centre de Chengdu, est le meilleur endroit où observer ces adorables animaux dans un lieu aussi proche que possible de leur habitat naturel. Là, une douzaine de pandas s'ébattent librement sur 30 hectares de bambouseraies. Il y a aussi un musée du panda.

Dans un espace plus réduit certes, le **zoo de Chengdu** renferme un plus grand nombre de pandas résidents (à peu près une douzaine) que tout autre zoo au monde. Les fines pousses de bambou qu'ils apprécient tant sont cultivées directement sur place. Comme ils sont les stars du zoo, les pandas géants sont logés dans des cages spacieuses à haut plafond, avec des aires de jeu à l'extérieur.

Chengdu est le chef-lieu de la province du Sichuan, le milieu naturel de 80% des mille pandas géants du monde. Mais Chengdu offre égalment d'autres attraits, certains historiques, d'autres spirituels ou bassement comestibles.

Vers l'an 400 av. J.-C., elle fut surnommée la « ville des brocarts » pour sa manufacture de soieries. Puis à l'époque des Trois Royaumes au IIIᵉ

A Chengdu, les pandas vivent dans un milieu quasi naturel.

siècle, Chengdu était la capitale du royaume féodal de Shu ; la politique, non pas les pandas, en était le premier intérêt. Le monument principal de l'époque est le **temple du Duc de Wu** (Wuhou Si, ouvert tlj 9h-12h et 14h30-17h), un complexe de pavillons et de jardins dans la banlieue sud, construit en mémoire du Premier ministre du royaume. Connu dans le royaume (181-234 av. J.-C.) sous le nom de Zhugeliang, il fut anobli après sa mort pour son rôle dans l'unification de la région et pour en avoir développé l'économie et la culture. Dans le palais principal, construit sous la dynastie Tang, se trouvent des statues dorées de Zhugeliang, de son fils et de son petit-fils ; ce dernier mourut sur les champs de bataille à l'âge de 14 ans.

Les amateurs de littérature chinoise sont attirés par un autre site historique de Chengdu : la **chaumière de Du Fu** (Du Fu

Caotang, ouverte tlj 9h-17h). C'est un lieu de pélerinage, un musée et un parc, aménagés à l'endroit où le poète de la dynastie Tang vécut en exil pendant plusieurs années, loin de la capitale pour avoir osé critiquer le gouvernement dans une de ses odes. Du Fu (712-770) écrivit plus de 1 400 poèmes, la plupart d'entre eux parmi les meilleurs de la poésie chinoise.

Le temple taoïste le plus couru de Chengdu, **Qingyang Gong** (ouvert tlj 6h-20h) est un ensemble animé aux couleurs vives. L'autel principal est orné de deux chèvres porte-bonheur en bronze, dont la surface a été polie par les mains des fidèles venus chercher leur bénédiction. Près de là, se trouve le centre du bouddhisme *chan* (zen) du Sichuan : le **temple Wenshu** (ou-

Les maisons de thé de Chengdu ont rouvert leurs portes.

vert tlj 8h30-20h30) vieux de 1 300 ans, possède une équipe de sculpteurs sur bois, un restaurant végétarien et un salon de thé en plein air.

Le **monastère de la Lumière Divine** (Baoguang Si), à 28 km au nord de la ville, est le premier et le plus connu des monuments religieux de Chengdu. L'élément le plus photographié de ce vaste complexe est le *stupa*, une pagode à treize niveaux légèrement de guingois. Bâtie en pierre à la fin de la dynastie Tang, elle remplaça une pagode plus ancienne en bois érigée au même endroit. Les cinq salles principales du monastère abritent des œuvres d'art, dont des sculptures bouddhiques, des peintures religieuses et de paysages, et des exemples de nombreuses écoles de calligraphie. Une salle du XIXe siècle contient 500 statues de saints bouddhiques plus grandes que nature. Le « jardin des ancêtres », autrefois réservé aux moines en retraite, a été converti en une maison de thé exclusivement réservée à une clientèle de touristes étrangers.

Chengdu est réputée pour ses maisons de thé. Ces *chadian*, lieux notoires de discussions libres et d'activisme politique, furent tous fermés pendant la Révolution Culturelle. Nombre d'entre eux ont depuis rouvert leurs portes sur la rive nord de la rivière Jin et servent du thé aux fleurs dans des tasses couvertes. Les clients s'attardent, attablés dans la cour, observant les vendeurs de bric-à-brac, de pipes et de tabac proposer leurs produits le long de la promenade.

> **Le pavillon Chongli du jardin Wangjianglou fut érigé en hommage à la poétesse Xue Tao. Sous les Tang, elle venait puiser de l'eau dans le puits attenant pour fabriquer son papier. Passionnée de bambous, elle fit planter la centaine de variétés encore visibles dans le parc.**

Wangjianglou (ouvert tlj 6h-21h) s'avère un lieu tout aussi reposant. Dans ce « jardin du pavillon avec vue sur le fleuve », poussent plus de cent variétés de bambous. Comme les autres parcs traditionnels de Chengdu, il est garni de pavillons, de tours, de rocailles, de bassins et de chemins ombragés.

Les canaux d'irrigation de **Dujiangyan**, à 57 km au nord-ouest de Chengdu, permettent de voir la rivière d'une façon complètement différente. Ce projet ambitieux d'irrigation et de contrôle des crues, réalisé au IIIe siècle av. J.-C., est toujours en service. Les collines verdoyantes qui bordent la rivière donnent un cadre poétique à cette merveille d'ingénierie.

En centre-ville, certains quartiers conservent leur aspect médiéval. Des constructions à deux étages, certaines affaissées sous le poids du temps, bordent les rues étroites. Elles abritent un magasin au rez-de-chaussée et des appartements au-dessus, dotés de balcons en bois sculptés de motifs distincts. Mais l'avance du progrès est impitoyable : à l'emplacement de l'ancien palais du vice-roi, en plein centre de Chengdu, s'élève un bâtiment à colonnes d'une lourde facture socio-réaliste ; une immense statue de Mao en orne l'entrée. Aujourd'hui, l'édifice fait fonction de grand magasin. Dans le hall principal, les acheteurs sont entourés par des portraits de Mao, Marx, Engels, Lénine et Staline. Une section du magasin réservée aux touristes propose des spécialités locales comme la broderie Shu, des pandas en peluche fabriqués en fourrure de lapin, de la poterie et divers objets en bambou.

Pour la couleur locale, sautez sur l'occasion d'assister à un **opéra du Sichuan**. Pour garder une certaine authenticité, il est intégralement chanté dans le dialecte local. Détendez-vous et admirez le spectacle de mime, de danse et d'acrobatie. Des vi-

Les pandas géants menacés

Le panda géant est une espèce en danger d'extinction car la survie de ces ours noirs et blancs dépend des bambous qui recouvrent les montagnes du sud-ouest de la Chine, leur unique habitat.

Les variétés de bambous dont le panda se nourrit poussent sur de vastes surfaces puis meurent soudain. Le phénomène se produit à intervalles réguliers : quelques décennies, voire un siècle, peuvent séparer deux floraisons. Il faut ensuite plusieurs mois pour que les plantes repoussent. Des centaines de pandas sont morts de faim il y a quelques années quand de vastes étendues de bambous fleurissaient. Comme l'hypothèse d'une nouvelle pénurie n'est pas à écarter, les scientifiques chinois et occidentaux essaient de prévoir le sauvetage des pandas, le cas échéant.

Dix zones ont été désignées comme réserves à pandas ; des chercheurs étudient les déplacements et les habitudes alimentaires des ours et le zoo de Chengdu, qui en élève déjà, fournira refuge et nourriture aux animaux touchés par la pénurie.

Aujourd'hui, il ne reste plus qu'un millier de pandas géants à l'état sauvage. Combien survivront à la prochaine floraison du bambou ?

sites dans les coulisses sont à présent organisées par les voyagistes privés.

La cuisine du Sichuan, une des quatre grandes écoles de gastronomie chinoise, concocte des mets imaginatifs aux noms fleuris tels que « abalone et chrysanthèmes », « pivoines et papillons » ou « ragoût de pieds d'ours assaisonnés de sauce ». Un des plats les plus célèbres, le *mapo dofu*, se compose de tofou tellement infusé de pi-

L'opéra du Sichuan requiert des heures de maquillage.

ments qu'il vous mettra la bouche en feu au moindre contact.

Pour les plus aventureux, Chengdu permet aussi de se rendre au Grand Bouddha de Leshan et au mont Emei *(voir p. 131)*.

CHONGQING (CHUNGKING)

Bien qu'elle soit millénaire, **Chongqing** ne fut jamais un centre culturel, pas même de nos jours. La ville n'offre pas non plus de temples spectaculaires, ni de palais ou sites archéologiques. Mais c'est l'endroit où aller pour découvrir la vie quotidienne d'une grande ville industrielle chinoise. C'est à Chongqing qu'arrivent et partent la plupart des excursions remarquables sur le légendaire fleuve Yangzi.

Sous la dynastie des Qin, au IIIᵉ siècle av. J.-C., la cité fut la capitale du royaume joliment nommé Ba. Son nom actuel (Chongqing signifie « jubilation double ») remonte à l'époque médiévale et commémore une passe chanceuse dans la vie du prince de la région. Jusqu'à ces dernières années, la ville s'appelait Chungking pour l'Occident, qui s'en souvient comme la capitale politique et militaire du gouvernement nationaliste de Chiang Kai-shek qui, de 1938 à 1945, dut s'y replier, acculé par les forces japonaises .

Un ferry au départ de Chongqing, sur les eaux boueuses du Yangzi.

Bien que Chongqing soit située géographiquement dans la province sub-tropicale du Sichuan, elle est depuis mars 1997 une unité gouvernementale autonome (comme le sont Beijing, Shanghai et Tianjin), avec une population extraordinaire de plus de 30 millions d'habitants. Située au confluent des fleuves Yangzi et Jialing, c'est une des rares villes chinoises construites sur un promontoire rocheux. Cette métropole outrageusement industrielle, hérissée de cheminées d'usine, est un carrefour vital pour le transport et le commerce du sud-ouest de la Chine. Elle domine la partie du Yangzi en amont du chantier du barrage des Trois-Gorges qui, à partir de 2009, créera une retenue qui inondera la section la plus pittoresque du cours du fleuve.

Le tumulte du marché libre devrait vous laisser un souvenir durable : il s'étire le long des centaines de marches qui descendent des collines du centre de Chongqing jusqu'à la rivière. Les paysans affairés vendent leur abondante récolte cultivée dans les champs des alentours : choux et oranges, œufs et poulets vivants (pesés alors qu'ils battent encore des ailes), poissons d'eau douce et anguilles frétillantes, et épices odorantes à profusion, tandis que sur certains étals et dans les petits cafés, on réchauffe le plat typique de la ville : le pot-au-feu du Sichuan.

Descendant jusqu'au bord de la rivière, l'escalier en pierre, connu sous le nom de Porte du Ciel (Chaotianmen), semble ne pas avoir été nettoyé depuis la dynastie Ming. Il est dangereusement maculé de boue et de saletés ; prévoyez de bonnes chaussures et regardez où vous mettez les pieds. Heureusement, au pied de cette longue descente, se trouve la station du funiculaire, qui vous remontera en haut de la ville, si vallonnée qu'elle compte très peu de bicyclettes.

Parmi les sites qui valent le détour, l'**Hôtel du Peuple** de Chongqing, construit en 1953, marie les styles des dynasties Ming et Qing et les équipements d'une salle de conférence moderne (4 000 places). Le **musée de Chongqing**, quoique mal éclairé et vétuste, abrite une collection d'œufs de dinosaures et deux bateaux en bois de 3 000 ans qui, suspendus au sommet des falaises du Yangzi, servaient de coffres aux nobles du royaume de Ba. Le spectacle le plus vivant de Chongqing est sans doute le **temple Luohan**, récemment restauré et garni de 500 statues colorées. Là, les diseurs aveugles de bonne aventure et les adeptes dévoués de Bouddha affluent de l'aurore au crépuscule.

> **La circonscription de Chongqing fut étendue en 1997, si bien qu'elle est maintenant la plus grande commune du monde : 30 millions de personnes vivent sur ses 82 400 km².**

Pour rappeler les moments les plus sombres de l'histoire du pays, deux anciennes prisons nationalistes, en dehors de la ville, sont ouvertes au public pour servir la cause révolutionnaire. La **Salle d'exposition des actes criminels de Chiang Kai-shek et des Etats-Unis** – un titre on ne peut plus racoleur – comprend des cellules et des chambres de torture. Ces pièces ne sont montrées aux visiteurs occidentaux que s'ils le demandent, par égard pour les sensibilités des Européens et des Américains, dont les actes de connivence avec les nationalistes dans leurs exactions anti-communistes ont marqué les esprits.

Parce que les étés à Chongqing sont notoirement torrides – c'est un des « fours » de Chine –, les collines et les parcs constituent un refuge particulièrement apprécié. Le **mont Loquat** (Pipa Shan), point culminant de la ville, s'agrémente de jardins et d'une maison de thé (Hongxing), et offre de splendides panoramas. Les parcs des Sources chaudes du Nord et du Sud (Beiwenquan et Nanwenquan) sont des lieux de rencontre également populaires. Leurs jardins publics sont bien entretenus. Une façon typique d'échapper à la canicule de Chongqing est de se réfugier dans une grotte fraîche. Pendant les années de bombardements japonais, des centaines d'abris contre les raids aériens furent creusés dans les montagnes. Certains ont depuis été transformés en cafés et restaurants.

L'été, même en pleine chaleur, le plat le plus populaire demeure néanmoins le ragoût du Sichuan, un bol d'huile bouillante dans lequel le dîneur trempe et cuit à point une sélection de viandes, légumes et tofou, un peu comme s'il luttait contre le feu avec le feu lui-même.

Un barrage controversé

Avec un mur de 181 m de haut et une retenue de 440 km de long, le barrage des Trois-Gorges, une fois achevé, sera le plus grand du monde. En plus de réguler les crues dévastatrices du Yangzi, il alimentera en électricité le centre de la Chine.

Mais depuis le début des travaux, le chantier reste sujet à polémique. Véritable gouffre financier, le barrage force à déplacer plus d'un million de personnes qu'il faut ensuite reloger et indemniser. Dans les gorges, la retenue engloutira à jamais des villes entières, mais aussi des sites historiques et archéologiques et le riche écosystème du fleuve. La qualité de l'eau dans le lac artificiel risque de se dégrader rapidement, notamment à cause des déchets directement déversés dans le fleuve, comme à Chongqing. Enfin, sans un draguage constant, les tonnes de sédiments transportés par le Yangzi s'accumuleront dangereusement dans la retenue.

A la saison des pluies, les eaux du Yangzi se chargent d'alluvions.

Excursions autour de Chongqing

Chongqing est le port de départ et d'arrivée des croisières sur le le Yangzi, une des attractions-phares du tourisme en Chine. De Wuhan en aval jusqu'à Chongqing, l'expédition couvre près de 700 km. Les grottes bouddhiques de Dazu valent aussi le détour.

Croisières sur le fleuve Yangzi

Il s'agit sans doute de la meilleure balade en bateau de Chine. La croisière traverse les spectaculaires **Trois Gorges** (Sanxia). La descente du fleuve de Chongqing à Wuhan dure trois jours au moins, et la remontée jusqu'à cinq jours pour contrer les puissants courants. Jusqu'à récemment, le circuit était considéré comme une aventure assez risquée. Les paysages les plus impressionnants se concentrent entre la cité sichuanaise de **Baidi Cheng** et la **passe de Nanjin** dans la province du Hubei. Les eaux du Yangzi se précipitent entre les falaises à pic et les formations rocheuses évocatrices, tandis que le regard se perd dans des centaines de gorges secondaires. Certaines falaises portent des inscriptions calligraphiques qui disparaîtront sous les eaux.

En 1992, le Congrès national populaire adopta une résolution lançant la construction de l'énorme projet hydroélectrique des Trois-Gorges, comprenant un barrage géant, qui devrait être terminé après 2009, et un réservoir qui submergera les parties les plus pittoresques de la rivière.

Les visiteurs ont le choix entre des bateaux chinois ordinaires ou des paquebots de luxe destinés aux touristes étrangers. Les navires à aubes utilisés par les Chinois ne fournissent ni prestations, ni guides. Les paquebots, beaucoup plus chers, proposent en revanche une bonne gamme de services, notamment des repas corrects. Souvent en partie réservés pour les groupes de voyages organisés, ces derniers restent néanmoins ouverts aux passagers indépendants. Les cabines particulières peuvent même être réservées à l'avance depuis l'étranger en passant par des organismes spécialisés comme Victoria Cruises (www.victoriacruises.com).

Les eaux du Yangzi s'écoulent entre des falaises majestueuses.

Les grottes de Dazu

Les **statues bouddhiques de Dazu**, au nord-ouest de Chongqing, sont un des trésors artistiques de la Chine, considéré comme l'égal des grottes de Mogao sur la Route de la Soie à Dunhuang *(voir p. 92)*. Cette région était naguère si inaccessible que plusieurs milliers de statues ne furent jamais pillées. Il faut trois heures pour parcourir les 112 km qui séparent les grottes de Chongqing, même par la nouvelle voie rapide de Chengyu.

Les sculptures de pierre de Dazu furent commencées à la fin du IXᵉ siècle sous la dynastie Tang ; les travaux se poursuivirent jusqu'à l'époque des Song du Sud, quatre siècles plus tard. Bien que le bouddhisme reste le thème principal, les sculptures dépeignent aussi des sujets historiques et humains.

La **colline du Nord** (Bei Shan), située à quelques kilomètres seulement au nord de Dazu, débouche sur un temple bouddhique et une grande place animée. La large vallée rocheuse en contrebas est pleine de sculptures : chaque centimètre cube de pierre semble avoir été taillé. Parmi les personnages parfaitement préservés de la Roue de l'univers, dans la grotte n°136, figurent les statues de deux saintes, les *bodhisattvas* Manjusri et Samatabhadra, qui triomphèrent du Mal. La présence de pèlerins bouddhistes, qui visitent encore ces sanctuaires antiques, contribue à faire de la colline du Nord une expérience inoubliable.

Le **pic du Trésor** (Baoding Shan) est encore plus magnifique. Les sculptures, situées sous une arche de pierre naturelle baptisée le Croissant du Grand Bouddha, furent réalisées sur une période de 70 ans par des moines bouddhistes de la dynastie des Song du Sud (1127-1279). La plus grande pièce représente un immense bouddha allongé de 29 m de long, entouré de statues de disciples infiniment plus petites. En général, la sculpture en grotte est exécutée en Chine plus ou moins spontanément, mais celles-ci furent planifiées dans les moindres détails avant le premier coup de marteau, pour éviter les répétitions. Dazu représente la dernière grande période chinoise de sculpture bouddhique en grotte. Cette longue journée de voyage entre Chongqing et le croissant de pierre demeure inoubliable.

Le bouddha allongé de Dazu mesure 29 m de long.

DALI

Dans la province du Yunnan, à 250 km au nord-ouest du chef-lieu Kunming, sur le tracé historique de la Route de Birmanie, se trouve le village pittoresque de **Dali**, une destination très courue par les baroudeurs indépendants. Les alentours ne pourraient être plus spectaculaires, avec le lac Erhai (« mer oreille ») à l'est et les sommets escarpés de la chaîne Cang Shan à l'ouest. Mais, plus que tout, Dali se distingue par sa population. La plupart des habitants appartiennent à la minorité bai. Ouverts et sociables, ils accueillent les Occidentaux avec une hospitalité incroyable.

La ville, capitale de la région autonome de Bai, possède des fragments de murs médiévaux ponctués par de grandes portes aux extrémités nord et sud. Derrière ces murs, quelques rues s'entrecroisent ; leurs boutiques et leurs maisons aux toits de tuiles abritent désormais des magasins de souvenirs, des agences privées de voyages, des auberges de jeunesse et surtout des petits cafés intimes et conviviaux qui servent un choix de plats internationaux bon marché.

Les cafés de Dali constituent un de ses attraits principaux. Ce sont des endroits parfaits où passer les heures les plus chaudes de la journée avec un café ou une bière et lier connaissance avec les habitants bai ou d'autres voyageurs. Parmi ces dizaines de cafés, le plus célèbre est sans doute M. China Son's Cultural Exchange Café, tenu par l'Oncle Li (Heliyi), le premier Bai de l'histoire à voyager à l'étranger. Son autobiographie, en vente dans le café, est digne d'un feuilleton épique.

Dali possède aussi des sites et des attractions intéressantes si vous commencez à vous lasser des cafés et des bistrots. Le **lac Erhai** est à une demi-heure à pied de la ville. Le principal village riverain, Caicun, est un véritable dédale d'allées et de maisons en terre battue. Les ferries traversent le lac jusqu'à des villages encore plus isolés, notamment le temple dédié à Guanyin, déesse de la miséricorde, sur l'**île de Putuo**. N'importe quelle agence de voyages locale pourra organiser rapidement une excursion jusqu'aux villages riverains et au marché de

Wase. Le marché en plein air du lundi à **Shaping** fournit une occupation intéressante. Il est à 30 minutes de Dali en minibus en remontant la route bordée d'eucalyptus. Ce vaste marché rural, où des *batik* et des chevaux sont en vente, attire des centaines de gens du pays portant les traditionnels vestes, tuniques et chapeaux à plume bai de couleurs vives.

Monument principal de Dali, le **temple des Trois Pagodes** (Santa Si, ouvert tlj 8h-19h) fut fondé en 825. La plus haute des trois tours, complètement fermée, compte seize étages, pour une hauteur de 69 m. Le complexe est entouré de centaines d'étals, dont bon nombre vendent des fragments de marbre local. Vous trouverez également des temples et des pagodes au pied des collines abruptes des montagnes Cang Shan (« montagnes vertes »). Rarement ouverts, ils embellissent agréablement une journée de randonnée pendant laquelle vous verrez des paysages tous plus beaux les uns que les autres, le long de cette étroite vallée qui conduit à l'est jusqu'au Tibet.

Des femmes baï vendent leurs produits au marché de Shaping.

Bien que de jeunes aventuriers continuent d'affluer à Dali, l'ouverture de plusieurs nouveaux hôtels et d'un aéroport moderne à une heure de là a mis cette exquise enclave chinoise à la portée de tous. Comme ils sont de plus en plus nombreux à découvrir Dali, les touristes s'aventurent à présent dans les régions les plus isolées du nord-ouest du Yunnan. Blotti à l'ombre des 5 500 m d'altitude de la montagne du Dragon de Jade (Yulong Shan), le village de **Lijiang**, à 150 km au nord de Dali, vaut particulièrement le détour. La vieille ville, récemment restaurée après un grave tremblement de terre, s'avère encore plus pittoresque que le centre de Dali : les Naxi, la minorité ethnique locale, sont chaleureux et accueillants, et les monastères alentour s'avèrent fascinants.

A partir de Lijiang, vous pouvez pousser jusqu'aux confins de la Chine, jusqu'aux **gorges du Saut du Tigre** (Xutiao Xia) qui figurent parmi les plus longues du monde (16 km), le **lac de Lugu** et les villages de la frontière entre le Sichuan et le Tibet.

Le village pittoresque de Lijiang reste à l'abri de la modernisation.

DATONG

Sept heures de train sont nécessaires pour aller de Beijing à **Datong,** à l'ouest, dans la province du Shaanxi. Le trajet, qui traverse de magnifiques paysages de montagne, attire nombre de passionnés de trains qui se rendent à Datong pour voir les antiques locomotives à vapeur toujours en service, au cœur de la région de Chine la plus riche en charbon. Le minerai servait bien sûr de carburant aux longs convois ferroviaires qui emportaient le charbon vers le reste du pays. Datong devint ainsi le premier lieu de production de locomotives à vapeur en Chine. L'usine de Datong pouvait produire une locomotive par jour. Elle fabrique maintenant des moteurs diesel mais elle propose des visites guidées comprenant notamment un tour à bord d'une des anciennes locomotives à vapeur.

Située sur un plateau de lœss à 1 000 m d'altitude, Datong, quelque peu en retard sur son époque, est une ville industrielle et minière assez pauvre. A cause de sa situation en bordure de la Mongolie intérieure, les étés y sont courts et les hivers glaciaux. Ce n'est pas le genre d'endroit dont les poètes chanteraient les louanges, pourtant Datong fut la capitale de la dynastie Wei du Nord pendant presque un siècle (398-494).

Trois monastères et un célèbre panneau sculpté de dragons rappellent l'histoire jadis prestigieuse de Datong. Le **mur aux Neuf Dragons** (Jiulong Bi), joyau de l'époque Ming (1392), se dresse dans la partie ancienne de la ville, parmi des rues étroites jalonnées de maisons à un seul étage. Considéré comme le plus grand et le plus ancien panneau de ce type en Chine, il mesure 457 m de long : il est donc plus long que celui, mieux connu, de la Cité Interdite. Cette fresque murale en céramique représente neuf dragons, chacun dans une pose dynamique différente. Lorsque le soleil se reflète sur le bassin qui court au pied du mur, les silhouettes en tuiles vernissées éclatent de vie.

Le **monastère de Huayan,** commencé sous la dynastie Liao au XIe siècle, fut achevé par les souverains Jin en 1140. Le monastère est orienté vers l'est et non pas, comme il est de coutume en Chine, vers le sud. Le bâtiment principal, la salle du Grand Trésor (Daxiongbao Dian) est une des deux plus grandes salles de culte bouddhique de Chine. L'élégant plafond comprend 749 caissons peints, tous différents. Au centre, trônent les Cinq Bouddhas des Cinq Directions, reliques de la dynastie Ming.

L'autre grand temple dans la ville, le **monastère de Shanhua**, s'ouvre vers les anciens murs de la ville, en cours de rénovation. Le monastère date de la dynastie Tang, mais il fut reconstruit en grande partie après un incendie. Dans le pavillon grandiose aux murs rouges, se dressent 24 gardiens célestes, chacun doté d'un visage différent. Dans le mur latéral, une porte « lunaire » arrondie conduit au mur des Cinq Dragons (Wulong Bi), qui fut transféré depuis un ancien temple confucéen. Ce panneau de céramique ressemble au somptueux mur des Neuf Dragons du centre-ville, mais ici, le dragon central, terrifiant, est de face.

Importante attraction près de Datong, le **temple Suspendu Au-Dessus du Néant** (Xuankong Si, ouvert tlj 9h-17h) se trouve à deux heures de route vers le sud en traversant un plateau de grès aride. Les voyages organisés s'arrêtent normalement en cours de route dans une des maisons troglodytiques, où les habitants se font un plaisir de montrer leurs habitations creusées à la main. Le temple du VIe siècle est spectaculaire : quarante salles et pavillons sont reliés par des passerelles richement ornées, et accrochées comme par magie sur une falaise abrupte de calcaire.

> **Dans la salle des Trois Religions de Xuankong Si, lieu taoïste tolérant, Bouddha, Confucius et Laozi se côtoient.**

Les grottes de Yungang

La plupart des touristes qui se rendent à Datong à la poursuite d'histoire et d'art ne reviennent pas déçus. La ville est surtout connue pour ses **grottes de Yungang** (Yungang Shizu, ouvertes tlj 9h-17h), à 16 km à l'ouest de Datong. Elles contiennent un des exemples les plus précieux d'anciennes sculptures bouddhiques. Lorsque ce projet pieux fut entrepris il y a 1 500 ans,

Le bouddha assis de la grotte n°20 est exposé à ciel ouvert.

près 100 000 statues furent sculptées dans les murs de temples creusés à même la falaise. En dépit des outrages du temps, des intempéries et des pilleurs, il en reste à peu près 50 000, de la taille d'un timbre-poste à celle d'une maison de cinq étages.

Les visiteurs pénètrent dans les grottes en traversant un monastère où vivaient autrefois 2 000 moines. Cette construction en bois de quatre étages, érigée sous la dynastie Ming, bloque les vents qui balayent les grottes de toute leur force. Des gravures du troisième fils du Dragon mythique protègent le bâtiment contre le feu. Les visites commencent généralement à la grotte n°5, qui contient un bouddha assis de 17 m de haut. La dorure fut ajoutée plus tard, sous la dynastie Qing. Comme dans toutes les grottes, les murs sont couverts de niches et de petites statues. Dans la grotte n°6, au sol presque carré, il y a une pagode qui monte jusqu'au plafond. La vie de Bouddha, de sa naissance à son accession au *nirvana*, est illustrée par une frise complexe gravée sur les murs de la pagode et les parois de la grotte. Les ornements de cette cavité sont justement considérés comme le fleuron de Yungang.

La grotte n°7 se distingue par son plafond magnifiquement sculpté. A l'entrée de la grotte n°8, de belles statues de style indien se font face. La grotte n°9 contient un bouddha de 2 cm de haut, le plus petit du site. Dans la grotte n°10, la coiffure du gardien sculpté à l'entrée révèle une influence grecque. La grotte n°11 contient, paraît-il, 12 000 représentations de Bouddha, soit plus que n'importe quelle autre ; en haut du mur, une plaque indique que 83 artistes travaillèrent pendant six ans à la réalisation des sculptures de cette seule caverne. Dans la grotte n°12, les musiciens célestes sculptés au-dessus de l'entrée jouent de douze anciens instruments de musique. La statue géante de la grotte n°13 a un trait particulier : le poignet droit de Bouddha repose sur la petite statue d'un athlète à quatre bras.

La grotte n°14 est sérieusement endommagée. Le vent a érodé la plupart des murs donnant sur l'extérieur ; les sculptures les mieux préservées se trouvent en général sur les murs intérieurs. Dans la grotte aux Dix Mille Bouddhas (n°15), les sculptures sont ordonnées en damier.

Les grottes les plus anciennes du site (Ve siècle) sont numérotées de 16 à 20. Le système actuel de numérotation selon l'axe est-ouest fut inauguré dans les temps modernes et ne ressemble en rien à celui utilisé au cours des siècles précédents. Dans la grotte n°16, trois trous percés dans le mur extérieur montrent l'emplacement d'origine des trois bouddhas dérobés par des collectionneurs étrangers ; les guides locaux affirment qu'ils sont maintenant conservés au Metropolitan Museum de New York. La grotte n°17, comme ses voisines, est ovale. La partie supérieure des bras du bouddha est ornée de bracelets de style grec.

Le bouddha géant dressé dans la grotte n°18 porte un vêtement curieux baptisé la « robe aux mille bouddhas » ; sur le devant, le sculpteur a gravé en bas relief une foule de petits bouddhas. La grotte n°20, la plus récente, sculptée alors que Datong était la capitale de la dynastie des Wei du Nord, abrite un bouddha géant assis. Elle paraît d'autant plus impressionnante que le mur de devant s'est écroulé, laissant l'énorme statue exposée à ciel ouvert.

DUNHUANG

Il fallait jadis 24 heures en train, et un éprouvant trajet de deux ou trois heures en bus ou en jeep pour atteindre **Dunhuang**, paisible ville du désert dans la province du Gansu. Maintenant, une simple liaison aérienne au départ de Xi'an suffit. Dunhuang a bien changé depuis l'époque où les caravanes de chameaux de la Route de la Soie y faisaient étape. Les chameaux ne travaillent plus, à Dunhuang et alentour, qu'à tirer des charrues et transporter de lourdes charges. Si vous arrivez de l'est surpeuplé de la Chine, vous vous sentirez presque seul dans cette ville de 10 000 habitants. Seules quelques charrettes à âne et des bicyclettes troublent parfois la tranquillité de la rue principale ; les habitants de la ville prennent le temps de bavarder. A la lisière de la ville, se dresse la **pagode du Cheval Blanc** (Baima Ta).

En Chine, même les musées de province peuvent contenir de véritables trésors. Le **musée municipal de Dunhuang**, au

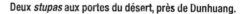

Deux *stupas* aux portes du désert, près de Dunhuang.

Mogao compte près de 500 grottes bouddhiques sculptées.

centre-ville, regorge de vestiges de la Route de la Soie, que ce soit des œuvres d'art ou des baguettes de 2 000 ans. La première salle est dédiée aux exemples rares de calligraphies trouvés dans la grotte n°17 de Mogao. Ces documents de papier sont restés intacts pendant mille ans grâce à l'atmosphère dépourvue d'humidité de la grotte. La deuxième pièce contient des objets de sacrifice découverts dans des tombeaux antiques, ainsi que de la poterie, une charrue et une armure. D'anciens objets d'artisanat, notamment un échiquier Tang offert à l'empereur par le gouverneur de la province, sont ex-posés dans la troisième salle.

Les grottes de Mogao

Malgré les difficultés d'accès, les touristes continuent d'affluer dans cette ville vieille de 2 000 ans pour voir les fresques antiques et les statues peintes les plus belles de Chine. Après être allé si loin, elles valent bien 25 km supplémentaires.

Les **grottes de Mogao** (ouvertes tlj 8h30-17h), creusées dans le flanc d'une falaise du désert, retracent l'épanouissement de l'art bouddhique en Chine. Commencées au IVe siècle, elles furent réalisées par intermittence au cours des mille ans qui suivirent. Ces peintures murales occupent une surface de 45 000 m², ornant les murs et les plafonds de représentations vivement colorées d'humains et de dieux et de spéculations sur l'éternité. Les grottes contiennent plus de 2 000 sculptures peintes, réalistes ou mythiques. Parmi les centaines de grottes encore intactes, seules quelques dizaines sont ouvertes au public. Même ces dernières sont fermées à clef de façon à ce que les visites soient contrôlées. Les murs extérieurs ont été renforcés et des passerelles ajoutées. Les visites empruntent divers itinéraires.

Les sculptures de la dynastie Wei du Nord (386-534) sont des statues aux visages persans ou indiens et des peintures très réalistes d'animaux gracieux avec des effets de perspective. Les œuvres datant de la dynastie Sui (581-618) illustrent des contes religieux : les visages des personnages laissent transparaître leurs émotions ; les vêtements chinois, particulièrement élégants, ont remplacé les habits étrangers. A ne pas manquer, dans la grotte n°96, un temple à neuf étages du VIIe siècle construit sous la dynastie Tang (618-907). Les orteils du bouddha assis à l'intérieur sont aussi longs que votre bras. L'espace de la grotte n°158 est entièrement occupé par la statue d'un bouddha allongé, dont le visage, vu de l'extrême gauche, affiche une sérénité exceptionnelle. L'imagination, la vivacité et les couleurs

Des visites strictement réglementées

A l'entrée des grottes de Mogao, un panneau dresse la liste des recommandations. Il est interdit de s'asseoir ou de s'appuyer sur les clôtures, de porter des sacs, des appareils photos, des chapeaux de paille ou des bâtons, de peur que ces objets éraflent les fresques. L'accès aux grottes est défendu aux enfants de moins de 1,40 m.

Les photographies au flash sont strictement interdites car la lumière vive réduit la durée de vie des fresques. C'est en effet grâce au climat du désert et aux pigments utilisés qu'elles ont survécu. Pour leur préservation, les grottes demeurent dans le noir. Les guides éclairent les points particulièrement intéressants avec des torches. Munissez-vous de votre propre lampe pour examiner de près les détails rapidement mentionnés par le guide. Des cartes postales, des diapositives et des livres illustrés en couleur, ainsi que des copies des fresques exécutées par des artistes locaux, sont en vente dans un magasin sur place. Joignez-vous à un groupe pour éviter de perdre du temps devant les grottes fermées en attendant qu'on vous ouvre.

des peintures murales Tang sont frappantes. Du côté des dynasties plus récentes, les fresques exécutées à partir du Xe siècle apportent des renseignements précieux sur la vie quotidienne en Chine médiévale.

Le lac Lunaire

Le désert s'avère dans l'ensemble gris et hostile, une mer de graviers d'où surgissent de temps à autre des pics rocheux. Mais à quelques kilomètres au sud de Dunhuang, s'étend le désert de tous les rêves. Ponctuées par des oasis visibles au loin, de redoutables chaînes de dunes s'élèvent en crêtes jusqu'à 250 m de haut. Au fur et à mesure que le soleil et les nuages bougent, les couleurs et l'aspect des collines de sable varient.

Enfoui derrière les collines, se trouve un petit lac aux eaux bleues, le **lac Lunaire** (Yueya Hu). Ce n'est pas un mirage. Les roseaux poussent au bord de cette source fraîche et claire et des poissons minuscules y nagent. Depuis le bord du désert, vous pouvez vous rendre au lac à dos de chameau ou, si vous aimez marcher dans le sable, à pied. L'aller-retour prend une quarantaine de minutes. Au bord de l'eau, se dresse un magnifique pavillon abritant une maison de thé. Pour faire une expérience rare du désert, grimpez au sommet d'une dune et écoutez le son musical (ou assourdissant) du sable dans sa glissée. Le même bruit que Marco Polo entendit lorsqu'il passa par là avec sa propre caravane de chameaux, il y a 700 ans.

GUANGZHOU (CANTON)

Guangzhou attire les étrangers depuis plus de 2 000 ans, essentiellement parce qu'elle fut le premier grand port maritime de Chine à s'ouvrir à l'étranger. Ceci ne manqua pas de causer plusieurs incidents historiques dramatiques, tels que les guerres de l'Opium, qui éclatèrent lorsque les autorités chinoises mirent un coup d'arrêt à l'importation du stupéfiant. Cette ville surpeuplée a gardé son rôle de porte d'entrée de la Chine. Depuis 1957, la foire commerciale biennale de Canton attire des foules d'hommes d'affaires venus du monde entier. Même pendant les années de bouleversements politiques, Guangzhou conserva ses liens avec les pays étrangers et avec les Chinois émigrés, dont des millions ont leurs racines dans le Guangdong.

Guangzhou s'étend sur les rives de la rivière des Perles (Zhu Jiang), la cinquième de Chine par sa longueur, qui relie la métropole à la mer de Chine Méridionale. Cette voie navigable pleine de charme déborde d'énergie. Inlassablement, la valse des ferries, des cargos, des jonques aux voiles grisâtres, des sampans et même des petits pétroliers et des grandes canonnières se déroule chaque jour en plein centre-ville. La rivière sert aussi à l'irrigation des terres agricoles des alentours, où poussent du riz, des fruits et des légumes en abondance.

Peuplée de plus de 6 millions d'habitants, Guangzhou est avant tout une ville industrielle, avec quelque 3 200 usines. Les chaînes de fabrication produisent des bus, des bateaux, des machines agricoles, des produits chimiques et des machines à coudre exportés dans le monde entier. Une des villes les plus riches de Chine, Guangzhou est dotée de gratte-ciel, de voies rapides et de centres commerciaux à la mode. Bien que l'économie ait changé radicalement ces dernières années, de nombreuses traditions locales survivent, notamment l'amour des fleurs, l'opéra cantonais et le dialecte local, incompréhensible pour les autres Chinois. Sans parler de la gastronomie cantonaise,

A Guangzhou, l'ancien et le moderne cohabitent.

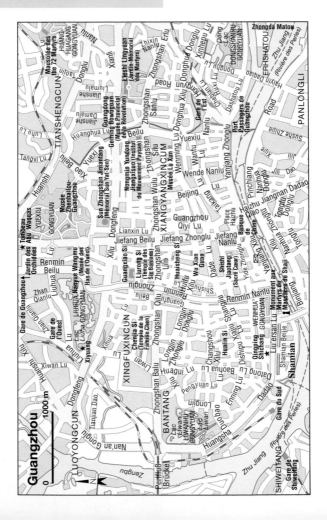

souvent considérée comme la meilleure au monde. Ses multiples variantes internationales sont certes appréciées, mais elle reste sans égal lorsqu'elle est préparée dans les cuisines du pays.

Guangzhou au fil du temps

Au IIIe siècle av. J.-C., le fondateur de la dynastie Qin annexa la lointaine région de Guangzhou, apportant ainsi à la Chine son premier grand port maritime. Dès la fin de la dynastie Han, le commerce international développa les relations du port avec d'autres régions d'Asie, ainsi qu'avec l'empire romain. Le nom de Guangzhou fut attribué pendant le royaume de Wu (IIIe siècle), mais les étrangers baptisèrent la ville Canton.

Plus le commerce se développait, plus la population étrangère du port augmentait. Dès le IXe siècle, une importante communauté d'Arabes, de Juifs et de Persans s'était installée sur les lieux. Ils pratiquaient le commerce du thé, de la soie et de la porcelaine, des produits en demande constante dans les pays étrangers. Il fallut attendre encore sept siècles pour que les Européens s'établissent aussi à Canton. Les Portugais furent les premiers, suivis des Espagnols, des Hollandais et des Britanniques. Les autorités chinoises s'efforcèrent de contenir les étrangers en limitant leurs activités à certains quartiers et saisons.

Le développement des activités commerciales finit toutefois par provoquer un conflit, car la Chine refusait d'accepter tout autre moyen de paiement que des lingots d'argent en règlement de ses exportations. Les Britanniques pensèrent à une autre monnaie d'échange : l'opium *(voir p. 36-37)*. Les guerres de l'Opium se terminèrent en 1842 par le traité de Nankin, plus tard dénoncé comme « *inégal* », aux termes duquel la Chine dut ouvrir Canton et quatre autres ports à la pénétration étrangère.

La dynastie mandchoue de plus en plus fragile s'effondra en 1911. Elle fut remplacée par la République de Chine, proclamée par le natif du Guangdong le plus célèbre : Sun Yat-sen. En 1927, les forces conduites par les communistes, qui établirent la Commune de Guangzhou, furent anéanties par les troupes de Chiang Kai-shek. Pendant la Seconde Guerre mondiale, les Japonais occupèrent Guangzhou. Puis au cours de la guerre civile qui s'ensuivit, la ville servit brièvement de capitale aux nationalistes, avant que les communistes ne s'emparent de la ville et prennent le pouvoir en 1949.

La ville aux béliers

En ce qui concerne les sites touristiques, Guangzhou ne peut prétendre faire concurrence à Beijing ou Xi'an. Mais ses monuments et ses parcs valent la visite, ne serait-ce que pour avoir l'occasion de se mêler aux Cantonais. Le **parc Yue Xiu** (ouvert tlj 7h-19h), près du site de la Foire commerciale au nord de la ville, s'étend sur 93 hectares. Outre ses jolis jardins, ses lacs, ses pavillons et ses équipements de sport, le plus grand parc de Guangzhou possède aussi le bâtiment le plus vieux de la ville, le pavillon Qui Regarde La Mer

> Le **musée municipal** perpétue le souvenir des sept périples de l'eunuque Zheng He qui, entre 1405 et 1433, s'aventura jusqu'en Afrique orientale, dans le golfe Persique et à Java.

(Zhenhai Lou). Cet édifice de cinq étages, construit en 1380, abrite maintenant le **musée municipal** (Guangzhou Bowuguan) qui, à l'aide d'objets d'art et d'autres vestiges (bibles, postes de radio, etc), retrace l'histoire de Guangzhou, notamment ses relations avec l'Occident. Les indications sont données en anglais et en chinois. L'étage supérieur du pavillon a été transformé en une jolie maison de thé.

Autre monument tout aussi célèbre à voir dans le parc, la sculpture en granit de cinq beaux béliers est inspirée par la légende de la création de Guangzhou. Cinq dieux seraient descendus des cieux à dos de bélier, leurs montures tenant entre leurs dents des brins de riz. Les envoyés divins distribuèrent le riz aux habitants du pays, leur assurant qu'ils seraient à jamais protégés de la famine. Selon la légende, les dieux disparurent ensuite, mais les cinq béliers se changèrent en pierre. Leurs répliques valurent à Guangzhou le surnom de « ville aux béliers ».

Dans le parc Yue Xiu, une obélisque de 30 m de haut honore Sun Yat-sen (1866-1925) qui débuta sa carrière politique dans la ville. Au sud du parc, se trouve un monument encore plus impressionnant, le **mémorial Sun Yat-sen** (ouvert tlj 8h-17h30), construit en 1931. Cette vaste version moderne d'un bâtiment traditionnel chinois, avec sa longue courbe de toits de tuiles bleues, contient un auditorium assez grand pour accueillir près de 5 000 personnes.

Le **temple des Six Banians** (Liurong Si), principal monument bouddhique de Guangzhou, fut érigé il y a plus de 1 400 ans. Ces arbres, morts depuis longtemps, inspirèrent le poète et calligraphe Su Dongpo lorsqu'il baptisa le temple au XIᵉ siècle. L'ensemble des bâtiments, restaurés à maintes reprises, reste au cœur du culte bouddhiste local. Surplombant le tout, l'élégante **pagode des Fleurs** (Hua Ta), qui figure sur l'emblème de la ville, date de la dynastie Song. De l'extérieur, elle paraît compter neuf étages, mais l'intérieur en contient dix-sept. Jouxtant ce bâtiment, se trouve le curieux « palais de la mort », où les défunts, dont les photos sont affichées sur les murs, sont remémorés dans les prières quotidiennes, moyennant une rémunération.

Au début de l'époque médiévale, Guangzhou comptait une importante population musulmane, en raison des échanges commerciaux avec le Moyen-Orient. C'est pour-

Le mémorial Sun Yat-sen contient un vaste auditorium.

quoi la ville possède ce qui est sans doute la plus ancienne mosquée de Chine, la **mosquée Huaisheng**, construite en 627. Un escalier en colimaçon monte au sommet du minaret blanc pour admirer les cours intérieures, les jardins et les gratte-ciel modernes de Guangzhou.

Le plus beau vestige de la splendeur impériale à Guangzhou est le **temple de la Famille Chen** (Chenjia Si), un monument dédié aux membres d'un important clan de marchands originaires des quatre coins de la Chine. Là, ils se réunissaient et vénéraient leurs ancêtres, et leurs enfants recevaient une éducation. Ce complexe tentaculaire de cours et de pavillons tape-à-l'œil du XIXᵉ siècle comprend un panthéon aux frises finement sculptées, des portes et des tableaux dorés à la feuille dépeignant des scènes mythologiques et romantiques chinoises.

L'ambiance du Canton colonial du XIXᵉ siècle est restée intacte sur l'**île de Shamian**, sur la rivière des Perles, reliée au centre de Guangzhou par deux ponts. Cette petite enclave rési-

L'ancien consulat britannique, typique de l'île de Shamian.

dentielle, à l'ombre des banians, abritait la communauté fermée des étrangers de Canton à l'époque des concessions occidentales. Les immeubles européens, dont d'anciennes banques, usines et églises, ont été nettoyés. Les cafés avec terrasse, les boutiques, les magasins d'artisanat traditionnel et le magnifique hôtel du Cygne Blanc font de ce quartier le lieu de promenade le plus joli de Guangzhou.

> **Le nom cantonais de la province est Guangdong. Les Portugais le déformèrent en Cantáo, qui devint ensuite Canton, le nom européen de Guangzhou.**

De l'autre côté de l'île de Shamian, se trouve le marché le plus célèbre et le plus chamarré de Chine, **Qingping**. Ce dédale d'allées comblées d'étals propose, sur des kilomètres carrés, des herbes, des épices, du jade, des antiquités, des souvenirs, des poissons rouges, des oiseaux chanteurs et quelquefois un étalage cauchemardesque d'animaux vivants, dont des chiens, des chats et des espèces rares, tous destinés à passer à la casserole.

Parmi les attractions modernes, le **Studio Oriental 2000**, version cantonaise des studios Universal de Hollywood, est le plus tape-à-l'œil. Chaque jour, des spectacles sont donnés sur deux plateaux de cinéma, l'un évoquant le Shanghai des années 1930 et l'autre un combat de *kung fu* dans une cour traditionnelle.

Aucune visite à Guangzhou ne serait complète sans se laisser tenter par sa fameuse gastronomie, notamment ses plats de fruits de mer frais et ses délicats *dim sum*. Beiyuan et Banxi, deux restaurants traditionnels avec jardin, figurent parmi les hauts-lieux de la cuisine cantonaise. Beiyuan compte plus de 40 pavillons de restauration et salons de thé, tous ornés de fins treillages. Banxi, sur les rives du lac Liwan, arbore un décor classique de verre gravé datant de la dynastie Qing ; les mets y sont tout aussi raffinés. L'abondance et la proximité des ingrédients frais explique pourquoi la cuisine cantonaise s'avère si savoureuse à Guangzhou, sans aucun rapport avec les fades imitations vendues dans les restaurants chinois à l'étranger.

GUILIN

Les paysages les plus connus de Chine, reproduits sur des milliers de tableaux, se trouvent à **Guilin**. Les *« plus belles montagnes et rivières sous les cieux »* ont tellement inspiré les poètes, les artistes et les visiteurs qu'ils en ont fait le premier site touristique naturel de Chine. Comme le climat y est subtropical, avec un niveau de précipitations de 190 cm par an, mieux vaut éviter la saison des pluies, d'avril à juillet. La floraison et le parfum des fleurs d'osmanthus (cannelle de Chine) dans toute la ville fournissent une raison supplémentaire de s'y rendre en automne. D'ailleurs, le nom Guilin signifie « bois de cannelle ».

Les touristes sont si nombreux dans le quartier commercial de Guilin, toutefois paisible, que les passages piétonniers sont indiqués par des panneaux en anglais et en chinois. Les diverses minorités ethniques de la province fournissent une autre influence cosmopolite : Guilin fait partie de la région autonome du Guangxi-Zhuang, limitrophe du Vietnam. La prolifération de restaurants musulmans s'explique par la présence de milliers de personnes de l'ethnie zhuang, traditionnellement musulmane, le plus important groupe minoritaire.

L'histoire géologique de Guilin, clef des merveilles naturelles que sont ses montagnes et ses grottes ténébreuses, remonte à quelques centaines de millions d'années. Ce territoire était en-

foui sous la mer lorsqu'un soulèvement le fit émerger et devenir terre ferme. Plus tard, il disparut à nouveau sous les eaux avant d'être soulevé plus haut encore par d'autres cataclysmes. Cette alternance d'eau et d'air au cours des millénaires donna naissance à des formations calcaires appelées karst, érodées en forme de pitons, de sommets et de pics qui captivent l'imagination.

Guilin a été colonisée il y a plus de 2 000 ans lors de la construction du **canal Ling**, qui relia le grand fleuve Yangzi à la rivière des Perles. Le rôle de Guilin dans un des projets d'ingénierie les plus ambitieux de l'humanité fut important, pourtant c'est à peu près tout ce qu'on sait de cette ville. Elle servit de capitale provinciale pendant plusieurs siècles

Le soleil se lève sur la rivière Li et les montagnes de Guilin.

et, au XXᵉ siècle, abrita un foyer de résistance lors de la guerre contre le Japon : ses innombrables grottes fournissaient autant de cachettes. Aujourd'hui, reconstruite après les destructions de la guerre, la ville prospère grâce, en grande partie, à l'attrait de ses paysages spectaculaires.

Sur la rivière

L'attraction touristique incontournable de Guilin, voire de toute la Chine, est un circuit en bateau sur la **rivière Li** (Li Jiang). Les paysages de karst ne pourraient être plus romantiques, et la vie le long du fleuve s'avère tout aussi fascinante : accroupies sur les rives, des femmes lavent leur linge ; des enfants rieurs se baignent dans la rivière ; des buffles descendent pesamment vers le rivage ; les ferries de fortune passent lentement, et les cormorans apprivoisés, dont les cous sont bagués pour les empêcher d'avaler toutes leurs proies, attendent, sur des radeaux de bambou, l'ordre de partir pêcher.

Cette formation rocheuse ressemble à un éléphant en train de boire.

De grands bateaux de tourisme à fond plat larguent les amarres tôt le matin sur le quai près du pont de la Libération, au centre de Guilin. Pendant la saison sèche, lorsque le niveau de la rivière est au plus bas, la première partie du voyage s'effectue en autocar car les embarcations de tourisme ne peuvent remonter la rivière jusqu'à Guilin. Relativement silencieux, ces bateaux peuvent accueillir une centaine de passagers et servent un déjeuner préparé à bord.

Avant même de quitter la ville, le spectacle commence. Sur la rive droite, la colline en Trompe d'Eléphant est le premier des nombreux pics que des esprits romantiques ont dotés d'identités animales ou chimériques. Il ne faut pas beaucoup d'imagination pour voir la ressemblance entre ce rocher et un éléphant en train de boire dans la rivière. L'espace entre la trompe et le corps a été complètement évidé. Le trafic fluvial quotidien s'avère une véritable invite pour les photographes amateurs : tout autour, ce ne sont que des rafiots à fond plat, des radeaux de bambou poussés à la perche, des sampans et des remorqueurs.

Au fur et à mesure que le bateau descend le courant, les images défilent devant les yeux comme les illustrations d'un manuscrit qui se déroule : colline du Tunnel, colline de la Pagode (également appelée colline du Bateau de Guerre), colline du Baquet et collines des Coqs de Combat, qui se défient de chaque côté de la rivière. Sur la rive gauche, le gros **village de la Porte du Dragon** est réputé pour ses châtaignes d'eau et son banian, un arbre millénaire.

Au sud, un village important, **Daxu**, possède un pont élevé datant de la dynastie Ming, le pont de la Longévité. Ici comme ailleurs, la terre plate et fertile produit tous les ingrédients nécessaires à une superbe salade de fruits : oranges et pamplemousses, châtaignes et kakis, et toutes sortes de produits exotiques tropicaux quasiment uniques à cette partie d'Asie. Pour ajouter à la beauté envoûtante de l'ensemble, de vastes surfaces plantées d'une variété duveteuse de bambous poussent le long des rives, formant de gigantesques cascades vertes qui dévalent les flancs des collines.

Des pêcheurs et leurs cormorans apprivoisés, sur la rivière Li.

Au-delà du village de Yangdi, se déroule un paysage étrange qui incita un poète chinois à écrire, il y a plus de mille ans : *« Le fleuve forme une large ceinture de soie verte, et les montagnes des épingles d'émeraude »*. Les pics et les sommets couronnent la rivière, des chèvres blanches s'accrochent aux flancs escarpés des montagnes et un aigle plane haut au-dessus des falaises. La rivière s'écoule paisiblement, verte et transparente. Elle doit cette limpidité si rare non seulement à de strictes normes anti-pollution, mais aussi à la haute teneur naturelle de l'eau en acide carbonique.

La **colline des Couleurs Accumulées** est ainsi baptisée parce que la paroi escarpée de la falaise comprend autant de tâches de couleur qu'une fresque. Dans un jeu de lumière et d'ombres, neuf silhouettes équestres différentes apparaissent, qui donnent son nom à la colline aux Neuf Chevaux. Près du terme de la croisière, le village de Xinping apparaît sur la rive gauche, cerné d'un paysage fabuleux, ponctués par la colline de l'Escargot, la colline des Cinq Doigts, et la colline de la Carpe.

Le circuit en bateau se termine dans la ville provinciale de **Yangshuo**, très courue des poètes et des peintres et destination touristique à part entière, près de Dali *(voir p. 84)*. La distance parcourue sur la rivière n'est que de 83 km, mais il s'agit d'une croisière unique au monde. Le retour en bus permet d'apprécier un autre aspect de ces paysages fantasmagoriques.

Collines et parcs de Guilin

Le circuit en bateau sur la rivière n'est pas la seule chose qui rende une visite à Guilin si enrichissante : la ville elle-même a beaucoup à offrir. La meilleure façon d'apprécier le site unique de Guilin est de grimper au sommet d'une de ses collines de calcaire, comme **Diecai Shan** (ouvert tlj 8h-18h) au nord de la ville. Ses différentes strates rocheuses lui ont valu le nom métaphorique de colline aux Soies Empilées. L'ascension est éprouvante, mais les pauses pour reprendre son souffle fournissent maintes occasions d'admirer le paysage. La grotte Ventée traverse la colline du sud au nord. Elle est continuellement rafraîchie par la brise, un bien-être grandement apprécié par les foules de touristes lors des chaudes journées d'été. Les nombreuses inscriptions gravées sur les murs de la grotte au cours des siècles font l'admiration des experts en calligraphie.

Au sommet, à 223 m d'altitude, le pavillon Attrape-Nuages (Nayunting) offre une vue panoramique à 360 degrés. Le paysage, d'une beauté à couper le souffle, embrasse les méandres de la rivière, les toits de tuiles de la ville, les champs cultivés, plats et verts, et les collines et les pitons rocheux enveloppés de brume qui s'estompent à l'horizon.

Plus près du centre-ville, se trouve **Fubo Shan**, un autre piton rocheux naturel offrant une vue superbe et quelques activités. Selon la légende, le général Fubo, qui défendit la ville contre une attaque de pillards il y a 2 000 ans, testa son épée sur une pierre spéciale, en réalité une stalactite qui descend jusqu'à quelques centimètres du sol. Un peu plus loin, la falaise des Mille Bouddhas arbore les sculptures de plusieurs centaines de personnages datant des dynasties Tang et Song.

Le **quartier des Deux Lacs**, dans la partie sud de la ville, a été transformé en un charmant parc public avec des jardins, des sentiers et des pagodes. A l'origine, le lac du Banian (Rong Hu) et le lac du Sapin (Shan Hu) ne formaient qu'une seule étendue comprise dans les douves qui protégeaient les remparts de la ville. Sous la dynastie Song, le pont de la Ceinture Verte, érigé au milieu, vint séparer les deux lacs.

Des grottes fantasmagoriques

Vous trouverez dans les alentours de Guilin des grottes de toutes dimensions aux atmosphères variées : ténébreuses, exaltantes, immenses ou intimes. La plupart des itinéraires touristiques comprennent une des grottes les plus connues, comme celle de la Flûte de Roseau ou celle des Sept Etoiles.

La **grotte de la Flûte de Roseau** (Ludi Yan, ouverte tlj 8h30-11h et 12h30-15h30) s'enfonce profondément sous la colline, tandis qu'à la surface poussent des roseaux utilisés pour fabriquer des flûtes. Mises en valeur par un bon éclairage, les concrétions de l'intérieur s'avèrent étranges. Comme dans l'ensemble des cavernes, certaines formations rocheuses ont reçu des noms poétiques. En plus de la Forêt vierge et du Lion géant, un énorme rocher suggère le profil d'un ancien scribe, assis en contemplation face à une fausse chute d'eau. Selon la légende, un érudit aurait en effet essayé d'écrire un poème digne de la beauté de la grotte, mais il se changea en pierre avant d'avoir pu trouver les mots justes. La salle la plus grande de la grotte, le palais de cristal du Roi-Dragon, peut contenir jusqu'à mille personnes. Des chauves-souris occupent les recoins les plus sombres, mais les eaux sinistres qui traversent la grotte ne contiennent aucun poisson.

La grotte de la Flûte de Roseau contiendrait un poète pétrifié.

Située dans le parc aux Sept Etoiles (ouvert tlj 7h-21h30), la **grotte aux Sept Etoiles** (Qixing Yan) ne remonte qu'à un petit million d'années ; elle attire des visiteurs depuis plus de mille ans. Certaines des formations de stalactites et stalagmites portent des noms comme le Vieux banian accueillant ses invités et le Dragon éclaboussant, ce qui donne une idée de la licence poétique prise par les explorateurs chinois. La visite aller-retour est plus longue que dans la grotte de la Flûte de Roseau. Ces deux mondes souterrains restent à une confortable température, mais l'humidité fait suinter les parois et rend le sol glissant.

Autre attraction du parc aux Sept Etoiles, la **Forêt de stèles** est une falaise où poèmes et images ont été sculptés dans la roche au cours des 1 500 dernières années.

Le **parc culturel des Minorités** (Fengqingyan), sur la rive est de la rivière Li, est un des aménagements les plus récents de Guilin. Ce parc d'attractions exotiques, où les membres des minorités zhuang, dong et miao, revêtus de leurs costumes traditionnels, présentent leurs cultures d'origine, s'avère aussi pédagogique que divertissant.

HANGZHOU

En Chine, une trentaine de lacs s'appellent lac de l'Ouest, mais un seul d'entre eux, le plus connu, vient immédiatement à l'esprit et rend toute précision inutile : c'est le lac de l'Ouest (Xi Hu) de **Hangzhou**, sur la côte est de la Chine. Selon la légende, il naquit d'une perle lâchée par un phénix et un dragon. Le poète de la dynastie Song, Su Dongpo, le comparait à une des plus belles femmes de la Chine antique, Xizi, elle aussi calme, douce, délicate et ravissante. Les filles de Hangzhou sont encore réputées pour leur teint clair et leur peau parfaite, que le climat doux et humide de la région leur conférerait.

Mais Hangzhou ne se distingue pas que par ses paysages. Capitale de la province du Zhejiang, Hangzhou se trouve à 189 km de Shanghai, soit environ trois heures en train et deux heures en bus ou en voiture par la nouvelle autoroute. Dans cette ville de plus d'un million d'habitants, riche en monuments historiques et culturels, vous pourrez découvrir le processus de fabrication de deux des grandes inventions de Chine : la soie et le thé.

Côté histoire, Hangzhou connut, à partir du IXe siècle, 237 ans de gloire impériale. En tout, quatorze rois et empereurs y régnèrent. Lorsque Marco Polo visita le pays au XIIIe siècle, il déclara que Hangzhou surpassait *« toutes les villes du monde en majesté et en beauté, ainsi que par l'abondance de ses délices, qui pourraient conduire les habitants à croire qu'ils se trouvent au paradis. »* Hangzhou marque l'extrémité sud du premier canal au monde, le **Grand Canal**, encore en service. L'empereur aurait doté Hangzhou de cette voie d'eau afin de pouvoir choisir ses concubines parmi les plus belles femmes de la ville.

Le lac de l'Ouest (Xi Hu)

Pour avoir une vue panoramique du **lac de l'Ouest** et de la ville, montez jusqu'aux plate-formes d'observation du pavillon qui se dresse sur la colline de Wu (Wu Shan), au sud du lac. Le haut de la colline est recouvert d'une épaisse forêt de ginkgos, d'érables et de camphriers. Un autre point de vue se trouve au sommet de

D'innombrables bateaux sillonnent continuellement le lac de l'Ouest.

la colline sur la rive nord du lac, où se dresse la **pagode Baochu**, d'une beauté fantasmagorique. Érigé une première fois en 968, l'édifice actuel date de 1933. Mais la beauté du lac s'apprécie encore mieux de près, sur le pont d'un bateau de tourisme ou depuis les chemins et passerelles qui longent ses rives. Les abords du lac foisonnent de fleurs et d'arbres et, détail inhabituel en Chine, regorgent de recoins intimes où les amoureux peuvent se retrouver en toute discrétion.

Clou d'une balade en bateau sur le lac de l'Ouest, la plus grande des trois îles artificielles, Xiao Ying Zhou (« île des petites mers »), aménagée sous la dynastie Ming, enserre quatre petits lacs, eux-mêmes centrés autour d'un îlot accessible par un pont en zigzag. Trois petites pagodes en pierre (Santan Yinyue), reconstruites au XVIIe siècle, émergent du lac principal au sud de l'île. Pour le Nouvel An lunaire, des bougies sont placées dans les pagodes. Leur lueur tremblotante émanant des petites fenêtres rondes projette sur le lac quinze reflets de la Lune.

De la ville, une passerelle nommée Bai Juyi, du nom du poète de la dynastie Tang qui la fit construire, aboutit à l'île de la Colline Solitaire (Gu Shan), au nord du lac. Au IXe siècle, Bai Juyi (722-846) fut déchu de son prestigieux poste impérial et nommé gouverneur de Hangzhou, parce qu'il écrivait des poèmes satiriques sur la cour. Cette mesure le rendit populaire auprès des masses. Des arbres, des fleurs et des pavillons égaient les flancs des collines. Le **Musée provincial du Zhejiang**, sur la colline Solitaire, contient les grains de riz les plus anciens cultivés au monde, récoltés il y a 7 000 ans.

Du monastère à la plantation

A l'ouest du Xi Hu, le **monastère de Lingyin Si** (« des âmes cachées », ouvert tlj 7h-17h), un des lieux de culte bouddhiste les plus connus du pays, attire des foules de touristes et de fidèles chinois. Les moines, car il s'agit d'un monastère en activité, s'occupent en fournissant des bâtonnets d'encens aux croyants ou simplement aux visiteurs venus se distraire. La salle des Rois Célestes, la plus grande, abrite une statue de Bouddha assis sur

**Ce bouddha jovial et bedonnant
fut sculpté il y a mille ans.**

une fleur de lotus : sculptée dans du bois de camphrier, elle mesure 19,50 m de haut. Elle est d'ailleurs considérée comme la plus grande sculpture de ce type en Chine. Tout près, les flancs du **Felai Feng** (« pic venu en volant ») réunissent 380 sculptures bouddhiques en pierre, réalisées pendant la dynastie Yuan et quatre grottes sacrées. La statue la plus célèbre, celle d'un bouddha bedonnant et jovial, a été sculptée il y a un millier d'années sous les Song ; c'est une des plus photographiées de Chine car elle est censée porter bonheur.

Plus loin au sud-ouest dans les collines du lac de l'Ouest, se trouve **Longjing**, le village du « Puits du Dragon », où le thé Longjing, le plus célèbre de Hangzhou, est produit. Les villageois accueillent chaleureusement les visiteurs qui arrivent en bus ou en bicyclette, en leur offrant une tasse de thé et leur vendant les précieuses feuilles à infuser. En chemin, arrêtez-vous au musée du Thé de Chine (Zhongguo Chaye Bowuguan), récemment agrandi, pour y examiner les ustensiles servant à la cérémonie du thé et découvrir des maisons de thé miniatures.

Hangzhou est également réputée pour ses soieries. Le **complexe de teinture sur soie et satin de Hangzhou** est le plus grand de Chine, voire d'Asie. Des visites guidées retracent le processus de production depuis la sélection des cocons, livrés par péniche en sacs de 20 kg, jusqu'à l'étape de la sérigraphie. Au bout de la chaîne, les visiteurs étrangers peuvent utiliser leurs connaissances nouvellement acquises dans une boutique où ils peuvent flâner parmi les rouleaux de soie.

D'autres musées proposent des visites guidées et des boutiques se spécialisant dans la médecine et la poterie chinoises.

La promenade le long du lac passe aussi devant une multitude de magasins et de petits restaurants. Mais l'essence de Hangzhou reste son paysage. Le lac et les collines permettent de faire quelques-unes des plus belles promenades à pied et en vélo de toutes les villes de Chine.

HARBIN

On pourrait croire que seuls les Esquimaux peuvent survivre à un hiver à **Harbin**, capitale du Heilongjiang, la province située à l'extrémité nord-est de la Chine. La température moyenne reste inférieure à zéro pendant cinq mois de l'année, et au mois de janvier, le mercure descend parfois jusqu'à -40°C.

Dans un pays de cités historiques, Harbin est une anomalie. Avant le XXᵉ siècle, elle n'était guère plus qu'un village de pêcheurs. Puis la dynastie mandchoue accepta que la Russie tsariste fît passer une section du célèbre train Transsibérien par Harbin. Des Russes et d'autres étrangers vinrent peupler ce carrefour de transports en pleine expansion. Bientôt, Harbin se dota d'hôtels, de banques, de bars et de maisons de jeu. Lors de la révolution bolchévique de 1917, quelque 500 000 émigrés russes traversèrent la Sibérie pour se réfugier à Harbin. Ce flux de population contribua à l'apparence russe de la ville, où les maisons décorées de stuc de couleur pastel et les églises à dôme se

Les sculptures de glace de Harbin illuminées au Nouvel An.

multiplièrent. De 1932 à 1945, Harbin subit l'occupation japonaise, puis le régime de l'armée soviétique pendant un an. En 1946, les communistes chinois prirent le contrôle de la ville. Sous la République populaire de Chine, Harbin est devenue un important centre industriel ainsi que le cœur d'une riche région de production céréalière.

Le puissant **fleuve Songhua**, qui traverse Harbin d'ouest en est, attire inévitablement les touristes. En été, des bateaux proposent des visites touristiques, et les plus téméraires peuvent même nager dans ses eaux. Sur la rive sud, le parc Staline (Jiangpan Gongyuan) fournit une large promenade séduisante, dont le Monument de contrôle des inondations est le lieu-phare. L'**île du Soleil** (Tai Yangdao, ferries tlj 8h20-16h30), au milieu de la rivière, comprend un complexe balnéo-thermal et des jardins. Egalement sur l'île, dans le **parc des Tigres de Sibérie**, les félins menacés d'extinction apprennent à chasser des proies vivantes avant d'être remis en liberté ; ils flânent à l'occasion autour des cars de touristes.

Bordé par le parc Staline, **Daoli**, le principal quartier piétonnier pavé de la vieille ville, a conservé dans son architecture à dômes une grande partie du patrimoine russe de Harbin. Parmi les autres sites à voir, figurent la superbe église Sainte-Sophie (ouverte tlj 9h-17h), à présent désaffectée, et deux temples en-

---

Des lanternes de glace

Pour les réjouissances du Nouvel An chinois, ou fête du Printemps (janvier-février), Harbin organise son événement-clé, un spectacle prodigieux qui rivalise avec la fête de la Neige de Sapporo, au Japon. Alors que le reste de la Chine marque l'événement avec des lampions de papier, Harbin se distingue avec sa fête des Lanternes de Glace, qui a lieu en centre-ville dans le parc Zhaolin. De délicates sculptures et des bâtiments entiers minutieusement taillés dans la glace sont brillamment illuminés. L'ambiance se réchauffe tellement qu'on en oublierait presque la morsure du froid.

core utilisés. Des plaques de
pierre du VIe siècle ornent
Wen Miao, le temple dédié à
Confucius. Jile Si (« temple
de la Béatitude ») abrite une
communauté active de moines
et de moniales.

Rappelant une période
sombre de l'histoire de la
ville, le **musée de la Guerre
bactériologique du Japon**
(ouvert tlj 8h30-11h30 et 13h-
16h) occupe l'emplacement
de l'Unité 731, un centre militaire d'expérimentation médi-

**Le parc des Tigres de Sibérie
compte une dizaine de félins.**

cale établi par les Japonais en 1939. Son existence demeura
secrète jusqu'aux années 1980. Plus léger, le parc des Enfants
dispose d'un chemin de fer miniature conduit par les enfants, le
seul de ce type en Chine. Les petits trains emmènent les passagers de la gare de Harbin à celle de Beijing, sur une distance
de 2 km, alors qu'en réalité, 1 388 km séparent les deux villes.

HOHHOT

Capitale de la région autonome de Mongolie intérieure, **Hohhot**
est une ville tentaculaire en pleine expansion dont la population
urbaine compte plus d'un million d'habitants. Le centre-ville
paraît très contemporain, voire futuriste, avec de nouveaux bâtiments administratifs, des immeubles de résidence récents et de
larges avenues. A l'inverse, le cortège de tracteurs et de charrettes tirées par des ânes, des bœufs ou des poneys et la prolifération habituelle de vélos évoquent une époque révolue.

Chose surprenante, les Mongols ne représentent qu'une petite minorité de la population locale. La plupart des habitants
de Hohhot sont des Han, une ethnie chinoise. Il est vrai que les
relations étroites de la Mongolie avec la Chine remontent à
plusieurs siècles. Pour les touristes à la recherche d'exotisme,

Hohhot et ses alentours offrent nombre d'occasions de faire l'expérience des traditions mongoles. Vous pourrez boire du thé au beurre avec du millet et dormir dans une yourte, ces tentes nomades rondes recouvertes de feutre.

Au XIIIᵉ siècle, les armées de Genghis Khan conquirent l'Asie et l'Europe de l'Est : cavaliers exceptionnels, les Mongols vainquirent des armées dix fois plus nombreuses. De nos jours, même si certains se sont sédentarisés dans des villes comme Hohhot, nombre d'entre eux ont conservé leur mode de vie nomade.

Le champ de courses moderne constitue un trait inattendu de Hohhot. Sous les dômes bleu ciel des tribunes, les visiteurs peuvent assister à un « rodéo » mongol, qui consiste en des courses et des acrobaties équestres et parfois des défilés de chameaux d'Asie. Sur la place Xinhua, un autre endroit animé, la moitié de la ville se retrouve le matin pour jouer et faire du sport avant d'aller travailler, puis le soir pour manger des *kebabs* locaux et d'autres mets préparés par les dizaines d'étals alimentaires. Le long des rues avoisinantes, tous les vendeurs de rue vantent leurs produits avec un bel enthousiasme, qu'il s'agisse de chemises, de légumes ou de lunettes de soleil. Les cordonniers se servent de machines à coudre manuelles en plein air. Un chanteur de rue, tapant sur une cymbale, fredonne une histoire, tandis que son partenaire, un singe dressé, captive les foules en portant les masques et les chapeaux des différents personnages de l'opéra chinois.

Le **musée de Mongolie intérieure** (Nei Menggu Bowuguan, ouvert tlj 9h-17h) expose des yourtes et du matériel d'équitation, ainsi que le plus grand squelette de dinosaure découvert en Chine. Parmi les sites sacrés, ne manquez pas le **temple Xiletuzhao** (ouvert tlj 8h-17h). Ce lieu de culte bouddhique lamaïste encore en activité présente maintes particularités tibétaines. Apprécié des photographes, le **temple des Cinq Pagodes** (Wuta Si, ouverte tlj 9h-17h) se compose, comme son nom l'indique, d'un bâtiment du XVIIIe siècle couronné de cinq tours. Sur le mur extérieur, des textes sacrés bouddhiques sont rédigés en sanskrit, en tibétain et en mongol. Le mur arbore aussi 1 600 sculptures.

La **Grande Mosquée** (Qingzhen Dasi, ouverte tlj 10h-16h), construite sous la dynastie Ming, est fréquentée par l'importante communauté hui musulmane qui vit dans le quartier. Le minaret se termine par un toit de temple de style chinois rehaussé d'un croissant de lune. L'entrée de la salle de prière est ornée d'inscriptions en arabe et de carreaux de céramique à motifs abstraits.

Le **tombeau de la princesse Wang Zhaojun** (ouvert tlj 10h-16h), à 17 km au sud-ouest de la ville, est le site historique le plus ancien de Hohhot. En 33 av. J.-C., à l'âge de 18 ans, cette célèbre beauté chinoise épousa un chef de tribu, établissant ainsi une paix durable entre les différents groupes ethniques. Vous pouvez gravir la pyramide de terre de 33 mètres érigée au-dessus de sa tombe, d'où vous aurez une vue panoramique sur les plaines arables qui s'étendent aussi loin que le regard porte.

Les plaines de Mongolie Intérieure s'étirent à perte de vue.

Au sud-est de Hohhot, se dresse la pagode Blanche (XIIe siècle), appelée en chinois Wanbuhua Yanjing Ta, soit la « pagode des dix mille textes sacrés ». Seul parmi les champs cultivés, cet édifice octogonal à sept étages fut construit en briques il y a quelque 900 ans et restauré récemment.

Les prairies

Une excursion dans les prairies, au-delà des montagnes désolées de Daqing, où l'équitation est un mode de vie pour les Mongols, constitue souvent le souvenir le plus mémorable d'une visite à Hohhot. Une bonne route pavée facilite l'ascension sinueuse jusqu'à 2 000 m d'altitude.

La plupart des touristes aboutissent à **Xilamuren** ou à **Gegentala**. Dans ces campings touristiques, les visiteurs dorment dans des yourtes de feutre de laine où des couettes, un thermos d'eau chaude et des lampes électriques leur sont fournis. Les toilettes et les salles de restauration se trouvent souvent dans des

Les yourtes traditionnelles mongoles sont en feutre de laine.

bâtiments indépendants. Sur place, les activités quotidiennes incluent le tir à l'arc, la lutte mongole, des visites dans les villages voisins et des excursions à cheval dans la prairie. En soirée, des spectacles de danses et de chansons folkloriques sont organisés.

Les touristes auront aussi peut-être la chance d'assister à un rodéo impromptu au cours duquel les cavaliers mongols font la course sur leurs poneys fougueux. Etonnament, ces cowboys portent les mêmes vêtements que d'ordinaires fermiers chinois. Ils proposent ensuite aux touristes une balade à poney ou à dos de chameau (des échelles sont fournies pour aider à se hisser en selle sur ces placides animaux).

Les voyageurs qui ont le temps peuvent s'aventurer plus profondément dans la prairie sauvage, où les opportunités sont plus nombreuses de dormir dans une véritable yourte. Parmi les autres destinations prisées, à l'ouest vers Baotou *(voir p. 192)*, figurent le **mausolée de Genghis Khan** (ouvert tlj 9h-17h) : construit en 1954, il s'est vu ajouter depuis un village reconstitué de la dynastie Yuan ; la **gorge au Sable Résonnant** (ouverte tlj 9h-17h) et la **lamaserie Wudang Zhao** (ouverte tlj 8h-18h).

HUANGSHAN

Bien que « montagne jaune » soit la traduction littérale de **Huangshan** (qui n'est pas en fait une montagne, mais une chaîne comptant une douzaine de sommets), le jaune n'est pas la couleur qui vient à l'esprit à la vue de ce site romantique, sujet de prédilection de la poésie et de la peinture chinoises depuis des siècles. En réalité, les pins rabougris, accrochés aux parois des falaises pourpres, sont verts ; les fleurs sauvages sont roses ; le bleu est la couleur du ciel et le blanc, celle de la mer de nuages qui s'amoncellent sous les pics rocheux.

Huangshan est la seule région de la province d'Anhui, à l'est de la Chine, qui apparaisse sur les grands itinéraires touristiques. Des trains et des avions relient Shanghai à un terminus au pied des montagnes, où des cars assurent le reste du voyage. La pittoresque station d'altitude propose maintenant tout un choix d'hôtels, du plus modeste au plus confortable. Les visiteurs et les poètes chinois passent parfois plus d'une semaine à parcourir les montagnes. Les touristes étrangers s'efforcent toutefois de tout faire en un jour ou deux.

La météo, souvent source de désagréments, est un facteur à prendre en considération quand vous partez en randonnée en montagne ou visiter des sites. Généralement, la période s'étalant de mi-juillet à fin septembre est la plus propice de l'année à cause de la douceur des températures et du faible niveau de précipitations. De fin mai à fin juin, une petite pluie fine, plutôt que de grosses averses, arrose la région. C'est à cette époque que les fleurs de printemps éclosent, bien que les températures restent fraîches. La brume et le brouillard mettent le paysage en valeur.

Huangshan possède de nombreux sommets dont les noms sont bien connus en Chine, souvent par l'intermédiaire des milliers de poèmes qui les décrivent comme les plus belles montagnes du pays. Les trois sommets principaux sont le **pic de la Fleur de Lotus** (Lianhua Feng), le **Sommet Lumineux** (Guangming Ding) et le **pic de la Capitale Céleste** (Tiandu Feng). Tous culminent à plus de 1 800 m d'altitude. D'interminables escaliers de pierre, dont certains sont aussi raides qu'une échelle, permettent de grimper au sommet.

Le phénomène de Huangshan consiste en une écharpe de nuages moutonneux qui s'enroulent autour des montagnes. Les pics qui émergent au-dessus des nuages, tôt le matin, ressemblent à des îlots surgis d'une mer céleste. Si la peinture de paysage chinoise classique devait se limiter à une seule source d'inspiration, ce serait Huangshan.

L'ascension commence sur la face est de la chaîne, au temple Yungu, où un téléphérique emporte rapidement quelques touristes jusqu'au sommet pendant que les autres commencent une ascension de 8 km. Aux sommets jumeaux de la Mer de Nuages du Nord et de la Mer de Nuages du Sud, se trouvent de petites auberges et un grand hôtel, où on peut passer la nuit pour assister le lendemain au lever du soleil.

Les montagnes de Huangshan déploient leur palette de couleurs.

La descente par la face ouest, plus longue, comprend jusqu'à 14 km de sentiers et d'escaliers. Lorsque la randonnée devient trop éprouvante, les visiteurs de Huangshan peuvent reprendre des forces à une station thermale, située entre le pic du Nuage Mauve (Ziyun Feng) et le pic de la Fleur de Pêcher (Taohua Feng). A cet endroit, une source d'eau très chaude contenant des minéraux aux propriétés curatives jaillit en bouillonnant toute l'année. Potable, elle est aussi propre à la baignade.

JINAN

De l'eau douce jaillit de plus de cent sources sur le territoire de **Jinan**, capitale de la province du Shandong. L'eau améliore les rendements de l'agriculture et de l'industrie et a même transformé cette « ville des sources » en un centre touristique. Grâce à la générosité de la nature, Jinan est la seule ville de Chine où on peut boire sans danger l'eau du robinet. Pourtant, la plupart des visiteurs ne font que traverser Jinan, en chemin vers les sites traditionnels du Shandong, tels que la montagne Tai Shan *(voir p. 163)* et Qufu, ville natale de Confucius *(voir p. 197).*

La montagne aux Mille Bouddhas n'en compte plus qu'une centaine.

La région de Jinan semble avoir été habitée depuis le néolithique. Il y a plus de 2 500 ans, une enceinte fut construite. Depuis l'époque médiévale, Jinan est une capitale provinciale prospère. Au début du XXe siècle, la dynastie mandchoue accorda des concessions aux étrangers, ce qui déclencha l'arrivée massive d'Européens. La ville fut le foyer de luttes âpres pendant la guerre civile de Chine. Aujourd'hui, plus d'un million d'habitants y vivent.

Les visites débutent parmi les saules pleureurs le long des rives du **lac de la Grande Lumière** (Daming Hu, ouvert tlj 6h-18h)), au nord de la vieille ville. Ces dernières années, le lac a été dragué et des digues de pierre construites avec le remblai dégagé. Tout autour, se trouvent des parcs, des aires de jeu et des pavillons.

Au sud-est de la ville, se dresse la **montagne aux Mille Bouddhas** (Qianfo Shan), mais il n'en reste guère qu'une centaine aujourd'hui. Culminant à 280 m d'altitude, il s'agit plus d'une colline que d'une montagne. Toutefois, grimper au sommet et redescendre permet de voir de près les anciens temples et les grottes qui abritent des statues bouddhiques.

De toutes les sources de Jinan, celle qui a le plus de connotations historiques est la **source du Jet d'Eau** (Baotu Quan). C'est là qu'au XVIIe siècle, l'empereur Kangxi de la dynastie Qing se désaltéra avant de la déclarer « *meilleure source qui existe sous les cieux* ». Elle est maintenant cernée d'un parc soigneusement aménagé. A quelques pas de là, à la source du Tigre Noir (Heihu Quan), l'eau jaillit en grondant de la bouche de trois tigres sculptés dans la pierre noire de la falaise.

En tant que chef-lieu de province, Jinan accueille le **musée provincial du Shandong**, où plus de 400 000 objets illustrent l'histoire de la région et sa géologie unique. Des poteries noires de Longshan, trouvées près de Jinan constituent le clou de la collection : ce sont des vestiges d'une délicatesse et d'une élégance rares, façonnés et cuits il y a 4 000 ans.

KAIFENG

L'ancienne ville fortifiée de **Kaifeng**, dans la province du Henan à l'est du pays, se trouve près de l'imprévisible fleuve Jaune (Huang He), ce qui lui valut plus que sa part de catastrophes : inondations et pillages se succédèrent. La plus terrible des invasions, au XIIe siècle, anéantit les rêves de la dynastie Song du Nord et laissa Kaifeng en ruines. Tout bien considéré, il est presque miraculeux que plusieurs bâtiments historiques aient survécu jusqu'à ce jour. Tout aussi remarquable est la survie, quasi totale, de l'ancienne dignité impériale de la ville.

Kaifeng devint célèbre il y a plus de 2 000 ans, pendant la période des Royaumes Combattants, lorsqu'elle était la capitale du royaume Wei (220-265). La ville connut l'apogée de sa prospérité et de sa gloire entre 960 et 1127 en tant que capitale orientale de la dynastie Song du Nord. Un rouleau de 5,25 m de long intitulé *Vue du fleuve lors de la fête de Qinming*, conservé à Beijing, illustre la vie au XIe siècle dans cette cité prospère.

La **pagode de Fer** (Tie Ta, ouverte tlj 8h30-16h30), le symbole le mieux connu de Kaifeng, n'a de fer que l'apparence et le nom. Les murs extérieurs sont recouverts de briques et de carreaux vernissés d'une couleur proche de celle du fer. Construite en 1049 et restaurée à l'époque moderne, elle compte 13 étages, un nombre porte-bonheur. Elle faisait autrefois partie d'un ensemble de monastères du VIe siècle, mais les autres bâtiments furent emportés par une des grandes inondations du XIXe siècle. Autre vestige de la dynastie Song, l'impressionnante **Po Ta** (ouverte tlj 8h30-16h30), une pagode carrée dédiée à la famille Po, ne possède en rien la grâce élancée de la pagode de Fer, sans doute en partie parce que les trois étages supérieurs de l'édifice se sont écroulés il y a quelques centaines d'années.

Dans le quartier nord-ouest de la ville, la **Voie impériale** des empereurs Song a été reconstruite. Les magasins aux toits de tuiles longent la rue qui aboutit à l'entrée du **parc du Pavillon des Dragons** (Longting Yuan). Son pavillon central à double étage, avec des toits dorés recourbés, fut réparé au XVIIᵉ siècle.

A l'ouest du parc du Pavillon du Dragon, au bord du lac, s'étend la Forêt de stèles de l'Académie impériale, une arène en plein air de plus de 3 000 tablettes antiques sculptées. Tout près, se trouve le site touristique le plus récent de Kaifeng, le **parc Qingming**, un parc d'attractions conçu d'après le rouleau du XIIᵉ siècle décrivant la Kaifeng impériale en fête.

Le site principal à visiter dans le centre de Kaifeng est le **monastère Xiangguo** (ouvert tlj 8h-18h), fondé au VIᵉ siècle. A

Dans le magasin traditionnel d'un marchand de bouliers.

l'intérieur, la statue dorée d'un bouddha aux mille bras et mille yeux, compte, aussi incroyable que cela puisse paraître, plus d'yeux et de bras que son nom le laisse entendre ! A l'extérieur du temple, s'ouvre le plus grand et le plus animé des marchés en plein air de la ville, où des singes danseurs se produisent.

Une communauté juive yéménite s'installa à Kaifeng autour du Xe siècle. Ils y établirent une synagogue en 1163. La communauté y demeura jusqu'aux grandes inondations de 1852. Bien qu'assimilés, une centaine d'habitants de Kaifeng continuent à revendiquer leur héritage juif. Le musée de Kaifeng (Kaifeng Bowuguan) abrite des tablettes de pierre qui retracent l'histoire des Juifs de Kaifeng. Avec l'aide d'un des guides de la ville, vous pourrez localiser le site de la synagogue de la Pureté et de la Vérité (Qingzhen Si), construite en 1163 et détruite en 1850 après la mort du dernier rabbin de Kaifeng.

KUNMING

Les vols vers **Kunming**, chef-lieu du Yunnan, atterrissent sur une piste d'une longueur inattendue, dont l'histoire dramatique n'est commémorée par aucune plaque ni monument. C'était jadis la piste d'atterrissage des *Flying Tigers* (« Tigres volants »), ces pilotes américains qui approvisionnèrent la Chine pendant la Seconde Guerre mondiale. Kunming était également le terminus pour des convois de marchandises qui empruntaient la route tortueuse de Birmanie ; une simple borne zéro est visible sur le côté droit de la route, à 21 km du centre de Kunming, en bordure des monts de l'Ouest.

Le climat tempéré de Kunming est un de ses points forts. Pour une altitude de 1 894 m, les températures sont étonnamment douces, figeant la ville dans une sorte de printemps éternel. En toute saison, les camélias, les azalées et les bégonias sont en fleurs. La région est surnommée la pharmacie de la Chine. Du maïs et des piments sèchent sur les toits de chaume des fermes.

La métropole compte 2 millions d'habitants, dont la moitié vit dans la ville-même. Une bonne partie d'entre eux appartiennent à différentes ethnies minoritaires et portent souvent

La douceur du climat de Kunming permet d'abondantes récoltes.

leurs vêtements traditionnels. La plus grande université de la ville, l'**Institut des nationalités**, attire plus de 20 000 étudiants de toutes les origines ethniques.

Le centre de Kunming s'est rapidement modernisé tout en conservant quelques traces historiques et des touches exotiques et pittoresques : un marché chamarré aux fleurs et aux oiseaux, l'ancienne mosquée Nancheng, les masseurs aveugles qui travaillent sur une place publique devant le Palais culturel des travailleurs. Quelques vieux quartiers pittoresques s'étendent autour du parc principal de la ville, le **lac Vert** (Cui Hu, ouvert tlj 7h-22h). Le lac du parc est d'ailleurs charmant, surtout les dimanches lorsque les familles s'y rendent et en hiver quand les mouettes rieuses de Sibérie y font escale.

A ceci, s'ajoute l'intéressant **temple des Bambous** (Qiongzhu Si, ouvert tlj 8h-18h), à 13 km au nord-ouest du centre-ville. Construit sous la dynastie Tang, il a été rénové plusieurs fois depuis. Ce temple renferme les œuvres surréalistes d'un sculpteur du XIXe siècle qui réalisa une version des 500 *arhats* (disciples de Bouddha) sans égal dans aucun autre temple de Chine.

Le meilleur espace vert de Kunming est au **lac Dian** (Dian Chi), le sixième plus grand lac de Chine. Des bateaux touristiques naviguent sur ses eaux cristallines. Sur une des rives, dans le **parc de la Belle Vue** (Daguan Gongyuan, ouvert tlj 8h-18h), ponctué de ponts voûtés et de pavillons, poussent les fleurs qui font la réputation de Kunming. Sur la rive opposée, les versants vert profond des monts de l'Ouest s'élèvent abruptement. Une des attractions les plus récentes du lac Dian est le **Village des minorités du Yunnan** (ouvert tlj 8h-19h), un parc à thème regroupant 24 villages miniatures de différents groupes ethniques. Il s'agit du meilleur parc de ce genre en Chine.

L'ascension difficile de la face escarpée des monts de l'Ouest passe par des tunnels et emprunte des marches taillées dans la pierre, pour aboutir à la **Porte du Dragon** (Longmen). Sous la dynastie Ming, l'empereur y était transporté par quatre porteurs au départ des bords du lac. Il y a plusieurs excellents endroits où vous pourrez faire une pause et reprendre votre souffle pendant la montée, notamment une maison de thé, une ancienne résidence de concubines et les quartiers temporaires d'un empereur. La porte en soi est juste assez large pour laisser passer une personne à la fois. Les grottes taillées minutieusement dans le flanc de la montagne contiennent des sculptures peintes de couleurs vives, réalisées par un moine taoïste obstiné du XVIIIe siècle et ses fidèles disciples.

La Forêt de pierre (Shilin)

Pour atteindre le site le plus pittoresque et le plus fréquenté du Yunnan, la **Forêt de pierre**, il faut se rendre à 80 km au sud-est de Kunming. Là, s'ouvre un univers fantastique de formations calcaires si étranges qu'elles semblent faire partie d'un autre monde. Le plus grand labyrinthe rocheux naturel au monde remonte à des centaines de millions d'années. Selon les géologues, cette merveille est issue de l'interaction, il y a 200 millions d'années, du calcaire, de l'eau de mer, des intempéries et des bouleversements sismiques. Ces pitons sont en karst, un type particulier de calcaire visible aussi à Guilin *(voir p. 102)*.

La forêt de pierre, avec ses aiguilles rocheuses de 5 à 30 m de haut, couvre environ 26 000 hectares dans la province du Yunnan. Les touristes préfèrent souvent se limiter à quelques merveilles concentrées sur une superficie raisonnable, traversée par des sentiers pavés et équipée de grilles de protection et de quelques panneaux indicateurs. Mais il est tout de même possible de se perdre à l'intérieur de cet énorme labyrinthe. Près du point de départ, les femmes de la tribu sani de l'ethnie yi du village voisin vendent des chemisiers, des sacs brodés et d'autres babioles assorties. Les Sani travaillent également comme guides indépendants. Dans une clairière, de l'autre côté d'un champ de bambous géants, s'ouvre l'entrée officielle de la forêt : un mur sur lequel sont gravés les caractères chinois de « Shilin ».

Les pics acérés de la Forêt de pierre forment un labyrinthe.

Plusieurs des formations ressemblent à des animaux, des plantes, des bâtiments et des personnages tirés des classiques chinois. Vous verrez sans doute un pic ressemblant à un éléphant sur une terrasse de pierre et un rhinocéros de karst qui regarde la lune. A un moment donné dans ce dédale, vous devrez vous glisser dans l'Etroit Passage ; selon la légende sani, cette épreuve rallongera votre vie de dix ans. Depuis le pavillon du Pic Panoramique, le point culminant de la forêt de pierre, vous aurez vue sur cet énorme bosquet de rochers déchiquetés s'élançant vers le ciel.

La plus grande clairière dans la Forêt de pierre, une

pelouse entourée de cerisiers, accueille un festival sani chaque année au mois de juin. Pendant 48 heures, les hommes de la tribu chantent et dansent, s'affrontent à la lutte, assistent à des combats de taureaux (il s'agit en fait de buffles), font la fête et la cour aux femmes. Plusieurs des participants viennent du **village aux Cinq Arbres** (Wukeshu), en face de l'hôtel sur l'autre rive du lac Shilin. Cette communauté sani de plusieurs milliers de membres élève des buffles, des cochons, des chèvres et des

Les visites de Shilin sont guidées par des Sani.

chiens. Les Sani eux-mêmes vivent dans des maisons de torchis aux toits de chaume.

Ceux qui passent la nuit dans la Forêt de pierre assistent généralement à un spectacle folklorique sani. L'orchestre réunit des flûtes, des cithares et un énorme banjo au fond percé. Les danseuses portent des chapeaux coniques rouges, blancs et noirs et les hommes des turbans noirs. Par le biais de chansons et de mimes, ils relatent les légendes qui lient leur peuple à la présence surnaturelle de la Forêt de pierre.

LANZHOU

Deux voies légendaires de circulation traversent **Lanzhou** : le puissant fleuve Jaune (Huang He) et l'ancien itinéraire commercial de la Route de la Soie. Aujourd'hui, cette grande ville trépidante possède de nouveaux boulevards en plus de ses fascinantes rues commerçantes et résidentielles. Ajoutant à la couleur locale, les membres des ethnies minoritaires, constituées pour la plupart de Hui musulmans et de Tibétains, apportent leurs propres coutumes, costumes et cuisines à ce creuset cosmopolite. Dans certains quartiers, les trottoirs grouillent de marchands ambulants et d'artisans indépendants.

Lanzhou est la capitale de la province du Gansu, qui s'étend des terres arables du bassin du fleuve Jaune aux déserts et aux oasis de l'extrême ouest de la Chine, en passant par l'étroit couloir Gansou et ses montagnes escarpées. Lanzhou acquit son nom sous la dynastie Sui, il y a plus de mille ans. Récemment, son rôle de carrefour des transports s'est renforcé avec l'extension des voies ferrées et du réseau routier. Depuis 1949, le développement industriel, qui donna naissance à une vaste ceinture de raffineries de pétrole et d'usines, transforme la ville. La population de la métropole dépasse maintenant les 2 millions.

Le **musée provincial du Gansu** (Sheng Bowuguan, ouvert lun-sam 9h-12h et 14h30-17h), en face du grand hôtel Huaiyi de style soviétique, abrite des trésors de la Route de la Soie et la sculpture sans doute la plus célèbre de Chine : le *Cheval ailé du Gansu* au galop. Avec sa jambe droite touchant un oiseau symbolique, le cheval du Gansu fait l'objet d'innombrables reproductions en Chine et à l'étranger. Le bronze original fut découvert en 1969 dans la province, dans un ancien tombeau de la dynastie Han. La boutique du musée propose des reproductions à vendre pour une somme rondelette.

Pour admirer les courants boueux du fleuve Jaune et la ville qui s'étend sur ses rives, rendez-vous au **parc de la Colline de la pagode Blanche** (Baitashan Gongyuan, ouvert tlj 7h-19h), jadis une place forte militaire. Le temple, une structure octogonale à sept étages, fut reconstruit au XVe siècle. Le **parc de la Colline aux Cinq Sources** (Wuquanshan Gongyuan, ouvert tlj 6h-18h) s'étire sur le flanc escarpé de la rive opposée du fleuve. Les sources fournissent de l'eau pour une multitude d'utilisations, allant de la préparation du thé à l'irrigation des terres fertiles. Pour rompre l'ascension éreintante, il y a des temples et des pavillons à visiter, ainsi qu'un grand étang qu'un pont ouvragé enjambe. Les temples datent du XIVe siècle ; seule une cloche en bronze, plus ancienne, fut coulée en 1202.

A l'ouest de Lanzhou, se trouvent le **temple et les grottes aux Mille Bouddhas** (Binglingsi Shiku, ouvert tlj 8h-17h), ornés d'anciennes fresques et de centaines de statues et, à Xiahe, le **monastère de Labrang** (Laboleng Si, ouvert tlj 9h-12h et 14h30-16h30), un haut-lieu lamaïste. Au sud-est de Lanzhou, les **grottes bouddhiques de Maijishan** (Maijishan Shiku, ouvertes tlj 9h-17h), qui remontent au IVe siècle, se visitent de nuit.

LESHAN

Au départ du chef-lieu de la province du Chengdu, après trois heures de route par la nouvelle voie rapide qui traverse le Sichuan surpeuplé, vous atteindrez la ville de Leshan. Elle est le point de départ pour aller découvrir un bouddha monumental assis au bord de la rivière et pour vous rendre à l'un des quatre monts sacrés du bouddhisme chinois : Emei Shan. Un poète du XIIIe siècle écrivit que les plus beaux paysages de Chine se trouvaient au Sichuan. Force est d'admettre que les meilleurs se concentrent à Leshan. A cet endroit, trois rivières confluent et s'écoulent le long de l'enceinte de la ville, tandis qu'au loin dans la brume, s'élève le mont Emei.

Le bouddha de Leshan est le plus grand du monde (71 m).

Des bateaux à ciel ouvert transportent les visiteurs de Leshan jusqu'au site du **Grand Bouddha** (Dafo). Que vous le voyez de la rivière, ou plus tard, depuis les flancs des collines, le plus grand boud-

Des enfants font des glissades sur les orteils du Grand Bouddha.

dha assis du monde constitue un spectacle impressionnant. Sculpté dans le flanc de la falaise par un moine qui le commença en 713, il mesure 71 m de haut. Les énormes pieds de la statue peuvent accueillir cent personnes assises.

Les bateaux mouillent à quelque distance du bouddha et les passagers montent de la rive jusqu'au **temple Vert Foncé** (Wuyou Si) qui donne sur le mont Emei, porte du Paradis de l'Ouest. Un chemin et un pont suspendu ramènent au Grand Bouddha. Là, l'Escalier aux Neuf Virages descend en colimaçon le long d'un des côtés de la statue jusqu'à ses pieds. Un autre escalier alvéolé, taillé dans la falaise, remonte de l'autre côté, pour arriver au niveau de la couronne massive du bouddha, d'où vous pourrez admirer son expression sereine et bienveillante. D'autres temples et grottes jalonnent le chemin du retour vers l'ancrage des bateaux et l'arrêt des bus qui montent au pic sacré.

Le mont Emei

Qualifiée de *« plus belle montagne parmi les belles montagnes du monde »*, le **mont Emei** (Emei Shan) culmine à plus de 3 000 m d'altitude. Il s'agit du pic de l'Ouest traditionnel du bouddhisme, sanctuaire de montagne pour des multitudes de pèlerins, y compris les empereurs. Nul besoin cependant de grimper jusqu'au sommet pour en apprécier les charmes en même temps que le côté mystique. La plupart des 151 monastères qu'il aurait comptés dans le passé sont tombés en ruines ou ont été détruits. Pendant l'ascension, vous apercevrez sans doute des spécimens de la faune variée des forêts de montagne, des singes grégaires aux pandas rouges.

Au pied du mont Emei, le **monastère de la Proclamation du Royaume** (Baoguo Si) et le **temple du Tigre Tapi** (Fuhu Si), tous deux du XVIᵉ siècle, annoncent les multiples temples à venir. Des monastères et des sites pittoresques célèbres semblent marquer chaque kilomètre des sentiers qui montent au sommet. L'ascension (réservée aux plus courageux) prend toutefois plusieurs jours. Et nombreux sont les touristes qui n'ont que le temps de passer une nuit en montagne dans une auberge rudimentaire, comme celles qui se trouvent au sanctuaire des Eaux Limpides (Jinshui), avant d'être conduits au sommet avant l'aurore pour assister au lever du soleil.

À l'aube sur le pic Doré (Jinding), les pèlerins et les touristes se rassemblent dans l'espoir d'assister à un phénomène baptisé « le halo de Bouddha ». A cet endroit précis, chaque spectateur peut voir son ombre parfaitement dessinée par un halo vif, qui apparaît quand les nuages matinaux accumulés sous le précipice du Suicide sont percés par les rayons du soleil.

LUOYANG

Luoyang compte actuellement près d'un million d'habitants, soit l'équivalent de sa population sous la dynastie Sui il y a 1 400 ans, lorsqu'elle partageait la cour impériale avec Chang'an (l'actuelle Xi'an). Ces temps lointains furent l'ère de la splendeur impériale. Luoyang est parfois surnommée la « *capitale des neuf dynasties* », ce qui reflète une prééminence culturelle et politique dont l'origine remonte à presque 4 000 ans.

Au Xᵉ siècle, la cour impériale fut transférée de Luoyang au nord-est. Luoyang devint plus tard capitale de la province du centre du Henan, mais au début du XXᵉ siècle, elle n'était plus que l'ombre d'elle-même. Après la prise du pouvoir par les communistes, ceux-ci décidèrent de raviver la petite ville endormie et de la transformer en un centre industriel modèle. Des centaines de nouvelles usines furent construites qui produisaient des tracteurs, des équipement de mine, des billes de roulement et des milliers d'autres produits.

Entre Luoyang et Zhengzhou, des maisons sont creusées dans les falaises de loess séché. Cette roche jaunâtre assez friable s'avère un matériau de construction idéal. Bien qu'assez sombres, ces habitations troglodytiques s'avèrent plus fraîches en été et plus chaudes en hiver que les maisons normales.

Le **musée de Luoyang** (Luoyang Bowuguan, ouvert tlj 8h30-18h30), installé dans un temple de la dynastie Ming, contient un ivoire d'éléphant fossilisé vieux d'un demi-million d'années, de la poterie du néolithique, des bronzes Shang et des figurines en porcelaine Tang. Le parc Wangcheng (ouvert tlj 8h-18h), tout près, avec ses deux tombeaux de la dynastie Han, s'avère un pur bonheur à la saison des pivoines, à la fin avril. Les vestiges les plus précieux se trouvent toutefois en dehors de la ville.

A quelques kilomètres à l'est de Luoyang, se trouve le **temple des Chevaux Blancs** (Baima Si, ouvert tlj 8h30-17h), qui date du Ier siècle. Ce serait le premier monastère bouddhiste construit en Chine. Il tient son nom d'une anecdote : deux émissaires revinrent d'Inde avec deux moines indiens qu'ils rencontrèrent en chemin. Ces derniers introduisirent en Chine les premiers textes sacrés bouddhistes sur le dos de chevaux blancs.

Les grottes de Longmen

Figurant parmi les ensembles de grottes les plus précieux de Chine, les **grottes de Longmen** (ouvertes tlj 8h-18h) se trouvent à 14 km au sud de Luoyang. Le nom Longmen, qui signifie « porte du dragon », pourrait provenir de la topographie des lieux : des falaises se dressent pareilles à des piliers de portail de chaque côté de la rivière Yi. Mieux vaut visiter les lieux tôt le matin, lorsque le soleil levant illumine les contours des statues, leur donnant un aspect étrange et irréel.

La roche dure convient bien aux sculptures délicates qui y furent réalisées à une échelle monumentale à partir de 494 et pendant 400 ans. Un complexe de plus de 1 300 grottes fut ainsi

Les grottes de la « porte du dragon » abritent 100 000 statues.

construit, ainsi que 2 100 niches et près de 100 000 statues. La hauteur de ces dernières varie de 2 cm, soit la taille d'un ongle, à plus de 17 m. Il y a en outre 40 pagodes et plus de 3 600 tablettes ou stèles gravées, toutes d'un grand intérêt pour les historiens et les calligraphes. Des sculptures d'une valeur inestimable furent dérobées par des aventuriers européens et américains. Les guides locaux indiquent souvent un mur particulier d'où deux reliefs classiques ont été enlevés au burin en 1935 *« par un vendeur de curiosités chinoises, soudoyé par un Américain »*. Les œuvres ont fini leur voyage aux Etats-Unis, dans des musées de New York et de Kansas City.

Les trois grottes Binyang, dédiées à un empereur et une impératrice de la dynastie Wei du Nord (386-534) après que la capitale fût transférée à Luoyang, figurent parmi les constructions les plus anciennes. La sculpture principale, cinq fois plus grande que nature, présente des caractéristiques typiques de l'art bouddhique de cette dynastie : un visage allongé, de grands yeux, un nez droit et un sourire tranquille. Une inscription précise que 802 366 artisans ont travaillé sur ces œuvres.

Les subtilités de l'art de la dynastie Tang apparaissent dans le sanctuaire Qianqi, débuté en 641, et dans le sanctuaire Feng-xian, construit quelques années plus tard. Ce dernier abrite un bouddha de 17 m, assis sur un lotus à mille pétales, accompagné de statues plus petites mais tout aussi belles de ses disciples. Le féroce garde céleste qui écrase un diable sous son pied est censé porter chance à ceux qui entourent sa cheville de leurs bras, mais une grille de fer tient les visiteurs à distance.

Commencée en 495 et achevée en 575, sous la dynastie Qi du Nord, Guyang est probablement la plus ancienne et l'une des plus belles grottes. Le bouddha qu'elle contient est gardé par deux lions magnifiques assis à ses pieds. La tête d'origine du bouddha a été remplacée sous la dynastie Qing. Grande curiosité de Longmen, la grotte des Prescriptions (Yaofang Dong), qui ne contient aucune statue, fut commencée en 575. Les 120 inscriptions qui s'y trouvent détaillent en fait d'anciennes maladies et leurs traitements chinois traditionnels.

Les plus belles œuvres de Longmen, sculptées en 680 et 675 respectivement, sont la grotte des Dix Mille Bouddhas (Wanfo Dong), avec 15 000 petits bouddhas taillés dans des niches, et la grotte des Ancêtres Respectueux (Juxian Shiku), construite à la demande de Wu, l'impératrice Tang. C'est la plus importante grotte de Longmen et il paraît que le grand bouddha qui l'occupe aurait le visage de l'arrogante Wu.

NANJING (NANKIN)

Cette ancienne capitale a subi tant de catastrophes que les rares monuments historiques qui aient survécu sont très dispersés. Peut-être est-ce la raison pour laquelle les grandes réalisations modernes font l'objet d'une telle vénération ; ainsi, le pont sur le Yangzi est devenu l'emblème de Nanjing et un objet de fierté nationale. Pourtant, le passé et le présent continuent de se côtoyer dans cette ville : les cyclo-pousse partagent la chaussée avec de gros bus flambant neufs, et les délicates fleurs roses et blanches des pruniers s'épanouissent sur les coteaux aux alentours du tombeau Ming Xiaoling.

Nanjing, une ville en plein essor de plus de 5 millions d'habitants, se trouve à peu près à 300 km à l'ouest de Shanghai dans la province du Jiangsu. A cet endroit, le grand fleuve Yangzi se rétrécit – il y a alors à peine plus d'un kilomètre d'une rive à l'autre – si bien que même avant la construction du pont, la ville tenait un rôle stratégique important. Mieux vaut éviter Nanjing, une des trois « fournaises » du Yangzi, aux mois de juillet et août, quand la chaleur devient écrasante ; il n'est pas rare que les températures atteignent 40°C.

Nanjing signifie « capitale du sud », un nom qui lui fut attribué assez tardivement. Pendant sa première période de grandeur sous le royaume de Chu, la ville s'appelait Jinling, un nom encore employé dans les textes littéraires et d'autres allusions. Puis au IIIᵉ siècle, à l'époque des Trois Royaumes, elle devint Jianye. Sous ce titre et d'autres, elle servit de capitale à six dynasties du sud. Les Ming en firent la capitale nationale, mais au XVᵉ siècle, ce rôle fut attribué à Beijing, la « capitale du nord ».

Le pont de Nanjing est un des rares à traverser le Yangzi.

Au XXᵉ siècle, une série de drames frappa Nanjing, lui conférant ainsi une nouvelle renommée. C'est ici que Sun Yat-sen fut élu président de la République en 1911. Chiang Kai-shek en fit sa capitale jusqu'à ce que l'avancée de l'invasion japonaise le force à se replier vers l'ouest. Lorsque les troupes japonaises arrivèrent finalement dans la ville en 1937, le massacre de Nanjing vint s'ajouter au long catalogue des atrocités commises pendant la Seconde Guerre mondiale. Le **mémorial-musée Datusha Jinianguan** (ouvert tlj 8h-17h), juste à l'extérieur de l'ancienne muraille de la ville, rend hommage aux 100 000 victimes qui périrent pendant les quatre premiers jours d'occupation. Les nationalistes reprirent la ville ravagée après la capitulation japonaise. L'armée communiste traversa le Yangzi (que les Chinois appellent Changjiang, ou « long fleuve ») en avril 1949, instaurant l'ordre nouveau dans l'ancienne capitale.

► Le **pont sur le fleuve Yangzi** (Nanjing Changjiang Daqiao, ouvert tlj 6h30-20h) est une extraordinaire prouesse d'ingénierie. Peu de ponts enjambent toute la largeur du fleuve, et celui-ci, avec 1 577 m de long, est le plus étendu. Fièrement présentée comme le plus long pont du monde à deux niveaux (un pour les voies ferrées, l'autre pour la circulation routière), cette réalisation a grandement amélioré les communications entre le nord et le sud de la Chine. Après la rupture des relations entre Moscou et Beijing en 1960, les Chinois se retrouvèrent seuls pour mener à bien ce projet conçu dans le cadre de la coopération sino-soviétique. Bien que l'URSS eût rappelé ses experts techniques, les travaux se poursuivirent jusqu'à l'inauguration en 1968, à la grande fierté de toute la nation.

Nanjing revendique également un record méconnu : celui de l'enceinte la plus longue du monde. Au XIVᵉ siècle, les souverains Ming mobilisèrent 200 000 travailleurs pour construire des fortifications qui s'étendaient sur 33,5 km. La plus importante des 24 portes de la ville, récemment rénovée en tant que site touristique, est **Zhonghuamen** (ouvert tlj 8h-17h30), à la limite sud de Nanjing. Cette imposante fortification, dont les tunnels pouvaient abriter 3 000 défenseurs assiégés, ne fut jamais prise.

Egalement au sud de Nanjing, vous pourrez voir les ruines de la résidence des Rois Célestes (Tianqangfu) où, de 1850 à 1864, vécut Hong Xiuquan, le chef des Taiping, lors de la révolte du même nom *(voir p. 37)*. Ce fut le projet architectural le plus ambitieux de l'époque. Le jardin de l'Ouest regorge de détails délicats : une rocaille pleine d'imagination, un mur aux dragons, un labyrinthe pour les enfants et un lac en forme de bouteille creusé pour amarrer un bateau impérial en marbre.

Le **musée de Nanjing** (Nanjing Bowuguan, ouvert tlj 9h-17h), fondé en 1933, se dresse à côté de Zhongshanmen, la porte principale du côté oriental de l'enceinte de la ville. Les œuvres d'art et les vestiges de Nanjing et du Jiangsu datent de la préhistoire jusqu'à la fin de l'empire. Ses riches collections comprennent notamment des céramiques de couleurs vives, du laque, des textiles, des bronzes, d'élégantes figurines de pierre et un célèbre costume de jade de 2 000 ans.

D'énormes lanternes pour le Nouvel An à Nanjing.

De retour en ville, la **tour du Tambour** (Gulou, ouverte tlj 8h-17h) de la dynastie Ming, perchée sur une colline au centre de Nanjing, a retrouvé sa distinction d'antan grâce à des travaux de restauration. Le tambour (remplacé depuis) donnait l'heure et avertissait les citoyens du danger. Il y a désormais une maison de thé à l'étage et un pont d'observation. Egalement dans le quartier oriental de Nanjing, le **musée provincial du Jiangsu** (Jiangsu Bowuguan, ouvert mar-dim 9h-16h) recèle plus de 350 000 objets, qui couvrent une période allant de la préhistoire à 1911. Il contient notamment le linceul princier en jade des Han de l'Est.

Fuzi Miao (« temple de Confucius ») est aujourd'hui un quartier commerçant pittoresque. Dans ce dédale d'allées étroites, de magasins et d'étals alimentaires, se dresse un temple confucéen vieux de 1 500 ans. Maintes fois rasé et reconstruit, cet ancien centre d'études affiche à présent un style Qing.

La longue histoire de Nanjing en tant que centre politique et culturel explique la fierté de ses habitants. Leurs prétentions s'expriment librement dans le domaine de la gastronomie. Ainsi, leur canard salé serait meilleur que le célèbre canard laqué de Beijing parce que les volailles de Nanjing sont élevées de façon plus naturelle.

Le mausolée de Sun Yat-sen attire des milliers de visiteurs.

Autour de Nanjing

Les pèlerins chinois de toutes obédiences politiques viennent de maints pays honorer le fondateur de la République de Chine dans les collines de Pourpre et d'Or à l'est de Nanjing. Achevé en 1929, le **mausolée de Sun Yat-sen** (Zhongshan Ling, ouvert tlj 7h-18h), érigé à flanc de colline et coiffé de toits aux tuiles bleues, s'avère grandiose. Après avoir parcouru une longue avenue sinueuse bordée de platanes, gravissez les 392 marches de granite de l'escalier de cérémonie jusqu'à la salle commémorative. Sun Yat-sen y est représenté par des statues, œuvres du sculpteur français Paul Landowski, en position debout, assise et allongée sur le caveau lui-même. Le plafond arbore une mosaïque du drapeau nationaliste (Guomindang) avec son étoile blanche sur fond bleu. Sun Yat-sen se promenait souvent dans ces collines, pendant ses années de résidence à Nanjing. Il demanda lui-même à être enterré ici, mais jamais il n'aurait soupçonné la splendeur impériale qui marque son souvenir.

Près de là, au pied de la colline de Pourpre et d'Or, se trouve **Ming Xiaoling** (ouvert tlj 7h-18h), le tombeau de l'empereur Hong Wu, fondateur de la dynastie Ming. Après les dégâts causés par les

Sun Yat-sen ourdit plusieurs complots pour renverser la dynastie Qing. Quand le dernier empereur mandchou abdiqua en 1911, Sun Yat-sen proclama la République de Chine. Il est maintenant vénéré en République populaire aussi bien qu'à Taiwan.

multiples guerres, il ne reste plus grand chose de ce site du XIVe siècle. Mais ne manquez pas la **voie des Esprits**, jalonnée d'énormes statues en pierre d'éléphants, de chameaux, de chevaux, de lions et d'autres animaux mythiques ; elle tourne ensuite vers le nord pour aboutir sur une route d'approche gardée par des statues de généraux et de mandarins. Dans le palais surmontant la sépulture, des effigies de l'empereur sont affichées. Les guides affirment qu'il était encore plus laid en réalité ; deux des artistes de la cour auraient été décapités pour avoir fait preuve d'un réalisme excessif dans leurs portraits de l'empereur.

Malgré sa longue histoire, c'est surtout pour son rôle dans les événements du XXe siècle que Nanjing est aujourd'hui connue. Le pont sur le Yangzi, le mausolée de Sun Yat-sen et le massacre de Nanjing incarnent pour beaucoup l'essence de la ville. Tout comme peut-être le **palais Meiling** (Meiling Gong), résidence de vacances de Chiang Kai-shek et de son épouse Song Meiling, convertie en musée historique pour les nostalgiques de la période pré-révolutionnaire, entre le dernier empereur mandchou et l'avènement du communisme.

QINGDAO (TSINGTAO)

Imaginez la plage de Copacabana sur les rives de la mer Jaune, ajoutez-y quelques villas et des châteaux allemands centenaires et, en toile de fond, des pinèdes, des parcs et des collines plantées d'arbres. Cette station balnéaire de classe mondiale est une des surprises que réserve **Qingdao**, un grand port maritime situé sur la péninsule du Shandong.

Six plages font de cette charmante ville un des lieux de villégiature préférés de la Chine. La mer est rafraîchissante, tout comme l'air, adouci en été par les courants océaniques du nord. Que vous décidiez ou non de rejoindre les masses de Chinois et de vous jeter à l'eau, profitez de l'occasion de les voir à l'aise s'étendre au soleil, se promener, se faire prendre en photo ou manger des glaces et des beignets.

La gare de Qingdao affiche un style résolument allemand.

A voir l'architecture européenne de la gare et de nombreux autres bâtiments, il n'est pas difficile d'en déduire que Qingdao a une histoire particulière. Jusqu'à la fin du XIXe siècle, il n'y avait ici que quelques maisons de pêcheurs et une petite base navale chinoise. Lorsque l'Allemagne entra dans sa période impérialiste sous le Kaiser Guillaume, Qingdao fut retenue : son port semblait propice au développement et au commerce. Un bail de 99 ans fut imposé aux autorités mandchoues.

Rapidement, une ville de style allemand sortit de terre, avec ses villas, son port en eaux profondes, sa cathédrale et sa rue principale baptisée Kaiser Wilhelmstrasse. Mais il n'y avait pas que le développement économique. Les Allemands utilisèrent aussi Qingdao comme base missionnaire. Aujourd'hui encore, elle demeure une des villes les plus chrétiennes de Chine. Devenues des sites touristiques, la **cathédrale** catholique à deux flèches (Tianzhu Jiaotong, ouverte tlj 7h30-17h30) et l'**église protestante** (Jidu Jiaotong), dont le clocher indique encore l'heure exacte, se remplissent de fidèles chaque dimanche.

La Qingdao allemande connut un sort curieux pendant la Première Guerre mondiale. Le Japon, qui s'était rangé du côté des forces alliées, envahit la ville, emprisonna les survivants de la garnison allemande et occupa Qingdao pendant toute la durée de la guerre. La Chine ne fut en mesure d'en revendiquer la souveraineté qu'en 1922. Une fois les communistes au pouvoir, en 1949, le développement industriel s'accéléra. Bien que la population dépasse maintenant les 4 millions (y compris les vastes banlieues de la périphérie), Qingdao a conservé son atmosphère tranquille de petite ville portuaire.

La fabrication de bière demeure une des contributions allemandes à Qingdao les plus durables. Le liquide ambré local, devenu la bière nationale de Chine, est exporté dans le monde entier dans de grandes bouteilles vertes ou dans des canettes marquées **Tsingtao**, l'ancienne orthographe du nom de la ville. La brasserie se visite, et le festival international de la Bière de Qingdao, à la mi-août, est la première tentative chinoise de reproduire une fête de la Bière similaire à celle de Munich.

Qingdao est une ville qu'on peut facilement parcourir à pied. L'essentiel de l'architecture allemande se concentre dans le quartier Badaguan, dans la baie de Taiping près de la première plage. C'est un charmant quartier d'hôtels particuliers occidentaux, de pelouses aménagées et de ruelles bordées d'arbres, le tout surplombé par ce qui n'est autre qu'un château allemand en bord de mer : c'était la résidence du gouverneur allemand à l'époque coloniale.

Près des anciennes villas et du château, s'étire le **quai de Qianhai**, autrefois le mouillage principal des navires allemands. La jetée a depuis été agrandie et affiche maintenant une longueur impressionnante de 440 m, terminée par un pavillon. La promenade grouille de flâneurs comme de vendeurs. Les photographes-portraitistes itinérants, qui utilisent le phare comme toile de fond, attirent les touristes.

Le succès de Qingdao Pijiuchang, la brasserie Tsingtao (56 Denzhou Lu, ouvert tlj pour les groupes seulement), serait dû non pas au savoir-faire hérité des colons allemands, mais uniquement à la qualité de l'eau minérale utilisée dans le processus de fabrication : elle vient de la célèbre source de Laoshan (1 558 m).

Au-dessus des plages, plusieurs parcs aménagés en haut de collines abruptes et verdoyantes offrent une belle vue sur la mer et la ville. Dans le parc Xinhao, se dresse l'opulente résidence construite pour le gouverneur allemand en 1903. Convertie en hôtel, la **Qingdao Welcome Guest House** abrite également un musée historique. Le somptueux piano à queue de 1876, dans le hall d'entrée, est allemand. Mais les suites qui donnent sur le hall sont clairement chinoises. Elles furent occupées pendant un mois en 1957 par Mao et son épouse. Encore aujourd'hui, elles demeurent en l'état, telles que Mao les laissa il y a 50 ans, y compris le bureau avec son tiroir secret.

En plus des merveilleuses plages de Qingdao, qui attirent chaque été des centaines de milliers de personnes à la recherche de soleil, la région est célèbre pour sa station de montagne de **Laoshan**, à 30 km à l'est. Bordant la mer, Laoshan est une région riche en cascades et en sources, mais aussi en légendes. L'eau minérale de Laoshan, aux propriétés médicales reconnues, est vendue dans toute la Chine. Réputée pour ses paysages pittoresques, Laoshan comptait jadis 72 temples. A présent, il en reste un intéressant, près de la mer : **Taiqing Gong**, une retraite taoïste datant de 14 av. J.-C.

SHANGHAI

Il est tout simplement impossible de confondre Shanghai avec une autre ville chinoise. Elle est plus grande, plus prospère et plus dynamique que n'importe quelle autre. Sa ligne d'horizon se hérisse de gratte-ciel à l'européenne. Ses vitrines et ses étals alimentaires attirent immanquablement le regard. Au cours des années 1990, **Shanghai** était la ville du monde en plein boom économique. Elle s'est régénérée et développée à un rythme qui dépassait de loin celui de toutes les autres métropoles.

Avant que la guerre et la révolution n'en changent l'apparence, Shanghai était dominée par les aventuriers étrangers cherchant à faire fortune, des arrivistes et un cortège clinquant de gens de mauvaise vie. En anglais, son nom devint un verbe signifiant enlever quelqu'un par tromperie ou par force. A présent, la ville renoue avec son prestige d'antan, tout en s'efforçant d'oublier son passé délinquant.

Comptant 14 millions d'habitants (le nombre change en fonction du mode de calcul choisi), Shanghai est aussi une des villes les plus chères du monde. Une récente étude du coût de la vie dans les métropoles plaçait Shanghai au sixième rang, devant Londres, Genève et New York. Shanghai est non seulement chère mais aussi étendue, voire tentaculaire. La zone métropolitaine s'étend sur 6 000 km²,

Sur la rue de Nanjing, principale artère commerçante de la ville.

Dans cette ville de contrastes, des gens jardinent au pied des tours.

soit cinq fois la superficie de Los Angeles. Dotée d'un statut de région indépendante, comme Beijing, Shanghai regroupe des terres arables, de vastes zones résidentielles et des industries lourdes.

La situation actuelle de Shanghai, puissance commerciale et industrielle, s'inscrit dans la tradition coloniale du début du XXe siècle. La ville, à la fois élégante et propice aux affaires, exerce un attrait particulier sur les visiteurs, ne serait-ce que par les images nostalgiques qu'elle évoque.

Shanghai au fil du temps

Le plus grand port de Chine débuta modestement il y a mille ans : ce n'était alors qu'un village de pêcheurs près de l'embouchure du fleuve Yangzi dans la mer de Chine Orientale. Shanghai ne devint officiellement une ville qu'au XIIIe siècle, mais même alors, elle resta en grande partie ignorée par le restant de la Chine et du monde.

Aux XVIIe et XVIIIe siècles, le commerce intérieur accrut l'importance de la ville en tant que port et carrefour commercial. Les autorités résistèrent toutefois fermement aux échanges avec l'étranger jusqu'à ce que les canonnières britanniques réussissent à obtenir une invitation. Après la première guerre de l'Opium, Shanghai devint un des cinq ports chinois ouverts aux résidents et aux marchands étrangers. Au cours des années qui suivirent, l'afflux d'Européens, d'Américains et de réfugiés des combats de la révolte des Taiping transformèrent Shanghai en un port commercial illustre, si ce n'est un peu coquin. Mais le citoyen ordinaire, laissé de côté, ne profita que peu de la prospérité. L'amertume contre les injustices et la corruption de la société civile enflamma le mouvement révolutionnaire de la ville : c'est ici que le Parti communiste chinois fut fondé en 1921.

Entre 1937 et 1945, Shanghai fut occupée par les troupes japonaises ; la plupart de la communauté étrangère fut confinée. Après la guerre, les nationalistes du Guomindang prirent le pouvoir, puis les troupes communistes s'emparèrent de Shanghai en 1949. Le nouveau régime anéantit les réseaux de crime organisé et de corruption, expropria les propriétaires d'usines et en construisit de nouvelles, plaçant la ville sur une nouvelle trajectoire industrielle. En 1965, c'est à Shanghai, base politique de Jianqing, ancienne actrice originaire de la ville et épouse de Mao, que la Révolution Culturelle fut déclenchée. Après la mort de Mao et l'arrestation de la Bande des Quatre, Shanghai connut une véritable renaissance de la culture et des arts. Quant aux nouvelles politiques économiques lancées dans les années 1990, elles bénéficièrent à Shanghai plus qu'à toute autre ville.

Une ville au présent trépidant

Avec un passé qui ne remonte guère plus loin que le XIXᵉ siècle, Shanghai arriva à maturité trop tard pour contribuer à l'art et à la culture classique de la Chine. Mais si les monuments historiques y sont relativement rares, pour autant, la ville ne manque pas d'attraits. A Shanghai, l'attention se porte plutôt sur les reliques du capitalisme sauvage d'avant-guerre et sur les différents théâtres où le dynamisme actuel de la ville s'exprime.

Le port de Shanghai fait la synthèse entre la rencontre

Le Grand Théâtre, un des hauts-lieux culturels de la ville.

Le Bund a conservé une certaine élégance européenne.

étrange et souvent inconfortable de l'Orient et de l'Occident, entre l'ancien et le nouveau. Les eaux boueuses du Huangpu fendent le cœur de la ville après avoir traversé les interminables zones industrielles hérissées de cheminées fumantes. Les sirènes des bateaux retentissent dans le brouillard de la nuit, bien après que le concert d'avertisseurs et de sonnettes de bicyclettes s'est arrêté. Une flottille hétéroclite de porte-conteneurs modernes et de jonques aux voiles sales faisant route vers la mer, de ferries bondés et de convois de péniches, de navires de guerre, de caboteurs rouillés et de sampans légers sillonne la rivière. Les visiteurs peuvent partir pour une confortable excursion en bateau, fascinante, à partir du centre-ville de Shanghai jusqu'à l'embouchure du fleuve Yangzi.

Sur le chemin du retour, vous verrez se dessiner dans la brume inévitable la ligne d'horizon de Shanghai : si peu chinoise, cette métropole européenne mythique, transplantée en Orient, possède quelque chose d'extraordinaire.

➤ La promenade sur la rive gauche du Huangpu s'appelait autrefois le **Bund** (Zhongshan Lu), un terme d'origine anglo-indienne signifiant « digue sur une rive boueuse ». Il n'est pas difficile d'imaginer l'élégance du Bund à son âge d'or, quand les jardins étaient *« interdits aux chiens et aux Chinois »*, dans cet ordre. C'est l'endroit idéal pour venir observer tranquillement la foule, tôt le matin quand les « boxeurs de l'ombre » s'entraînent et les pratiquants de *tai qi* se rassemblent, jusqu'au soir quand les couples d'amoureux élégamment vêtus viennent s'y balader. La promenade a été élargie. Il y a même un petit musée du port aménagé dans une ancienne tour de brique.

Le long de l'avenue Zhongshan, de vieux bâtiments grandioses, quelque peu patinés par le temps, se dressent au bord de la rivière : l'hôtel de la Paix (Heping Fandian), le Club maritime, ancien consulat britannique, et l'énorme siège social de l'ancienne Banque de Hong Kong et Shanghai (1923), récemment rénové et converti en une succursale de la Banque de Chine (les entrées séparées pour les Chinois et les Européens ont été supprimées). A l'est, sur l'autre rive du Huangpu, s'étend le nouveau Shanghai-Est, connu sous le nom de Pudong, où les chantiers de construction se multiplient, hérissés de grues. De là, vous pourrez apprécier la vue panoramique depuis le sommet d'un des plus hauts gratte-ciel d'Asie.

Autour de la rue de Nanjing

La Banque de Hong Kong et de Shanghai se dresse sur le Bund.

Se promener le long de la rue de Nanjing, de loin l'artère commerçante la plus célèbre de Chine, permet d'apprécier les nouveautés et l'histoire ; c'est un des grands plaisirs de Shanghai. L'avenue aboutit sur le Bund, à l'hôtel de la Paix, dont le hall d'entrée art-déco vaut le détour. C'est ici que l'écrivain Noël Coward se retira pour écrire *Private Lives* et que Steven Spielberg tourna des scènes de son film *L'Empire du Soleil*. Le groupe de jazz de l'hôtel de la Paix, qui se produit ici depuis les années 1930, swingue chaque soir dans l'aile nord.

Au nord du Bund, se dresse la **synagogue Ohel Moshe**

Le parc du Peuple, à l'ombre des gratte-ciel de la métropole.

(Moxihuitang), construite en 1927, pour la communauté juive résidente et réfugiée, qui compta 20 000 membres.

Sur le côté sud de la rue de Nanjing, s'étend le **parc du Peuple** (Renmin Gongyuan). Il comprenait jadis un champ de courses, mais les paris et le jeu sont sévèrement réprimés en République populaire de Chine. A présent, les seuls coureurs sont les enfants du voisinage, qui jouent parmi les arbres, entre les étangs et sur les pelouses du parc, et les amateurs de cerfs-volants sur la grande place du Peuple, en face du nouveau musée de Shanghai.

Inauguré en 1996, le **musée de Shanghai** (Shanghai Bowuguan, ouvert tlj 9h-17h) s'impose sans conteste comme le meilleur de Chine, ne serait-ce que pour ses vitrines et procédés de présentation ultra modernes. Sa collection de bronzes est considérée comme la meilleure au monde. Il y a quatre étages de galeries, chacun étant équipé de points de vente proposant des cadeaux et des reproductions des pièces du musée. Les bronzes et sculptures en pierre se trouvent au premier étage, les céramiques au second, les peintures, la calligraphie et la monnaie au troisième, les objets de jade et les meubles au quatrième. Les 120 000 pièces du musée ne sont pas toutes exposées en même temps, ce qui permet aux visiteurs de revenir souvent. Les indications sont également affichées en anglais. Il y a un agréable salon de thé au deuxième étage.

La vieille ville

Au sud-ouest du Bund, s'ouvre un quartier aujourd'hui appelé la vieille ville, à l'intérieur du périmètre formé par les rues Renmin et Zhonghua. Les **jardins Yuyuan** (ouverts tlj 8h30-16h30) furent commandés par un mandarin de la dynastie Ming. C'est le principal jardin classique chinois de Shanghai et un véritable trésor d'aménagement et d'architecture – l'endroit parfait pour les citadins à la recherche de tranquillité, si commodément disponible en plein cœur du vieux Shanghai. Si vous deviez ne visiter qu'un seul jardin classique en Chine, celui de Shanghai s'impose comme le choix le plus judicieux.

Juste après la porte principale, se trouve une rocaille, une colline artificielle de roches intéressantes collées les unes aux autres par une poudre de riz gluant et de la chaux. A partir du pavillon au sommet de cette colline, le gouverneur Ming pouvait observer l'activité de la rivière ; malheureusement, de hauts bâtiments bloquent maintenant la vue. En face du palais aux Dix Mille Fleurs, pousse un arbre gingko de 400 ans. Une autre rocaille soigneusement aménagée se reflète dans un étang où grouillent des poissons rouges géants. Les corridors, les pavillons, les ponts et les murs, les sculptures et les arbres ont été si minutieusement disposés que les jardins paraissent plusieurs fois plus grands qu'en réalité.

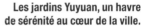

Les jardins Yuyuan, un havre de sérénité au cœur de la ville.

Hors de l'enceinte du jardin, un grand étang rectangulaire est coupé en deux par le pont aux Neuf Zigzags, ainsi construit pour égarer les mauvais esprits. Ce pont est le seul moyen d'accès à la **maison de thé Huxin** (257 Yuyuan Lu). Agée de quatre siècles, elle se dresse au milieu d'un étang

A Nanshi, la vie quotidienne traditionnelle reste intacte.

illuminé. Ce pavillon aux toits recourbés est un endroit irrésistible où prendre une tasse de thé et quelques friandises. Il n'existe pas de maison de thé plus jolie dans toute la Chine.

L'étang de la maison Huxin marque le coin de **Nanshi**, l'ancienne cité chinoise, une zone jadis considérée comme dangereuse pour les Européens. Nanshi était entourée par un mur d'enceinte dont le seul vestige visible est sur le boulevard Renmin Lu ; la muraille fut détruite en 1912 pour construire une route. Il se peut que vous vous perdiez dans ce dédale de petites rues, qui ne sont pas sans rappeler les *souks* d'Afrique du Nord, mais la plupart du quartier a été restauré avec goût pour construire le **centre commercial Yuyuan**. Des échoppes datant de l'époque de l'ancien bazar vendent des baguettes, des médicaments, des éventails en bambou, de la soie, de l'encens, etc.

Le **temple du Dieu de la Cité** (Lao Chenghuang Miao, ouvert tlj 8h30-16h), également bien réaménagé après avoir été détruit pendant la Révolution Culturelle, date du XVᵉ siècle. Comme dans le passé, c'est un lieu de culte taoïste en service entouré d'étals de marché.

Le quartier français

A l'ouest de la rivière et du vieux quartier chinois, se trouve un des monuments de l'histoire moderne : l'immeuble en brique du n°76 Xingye Lu, où le Parti communiste chinois fut fondé en juillet 1921. Celui-ci se trouvait dans la concession française, et lorsque la police française eut vent de la réunion clandestine, elle lança un raid sur la maison à deux étages. Trop tard cependant pour y surprendre les douze conspirateurs, dont Mao Zedong. Les pères fondateurs du communisme chinois poursuivirent leur réunion sur un lac, à bord d'un bateau d'excursion. La maison abrite aujourd'hui un musée exposant des documents et autres objets.

De nos jours, la plupart de la splendide architecture européenne de Shanghai reste visible essentiellement dans le quartier français et alentour. Des villas art déco et de style Tudor, des bureaux néo-gothiques et des hôtels particuliers, grands et élégants, bordent maintes petites rues. L'hôtel Garden (58 Maoming Lu) a gardé le hall original du Cercle sportif français des années 1920. L'**Institut de recherche pour les arts et métiers** (79 Fenyang Lu, ouvert tlj 9h-17h) occupe un vieil hôtel particulier français merveilleux, où les visiteurs peuvent observer les artisans au travail sur des broderies, des papiers découpés et d'autres formes d'artisanat.

Près de là, la nouvelle **bibliothèque de Shanghai** (Shanghai Tushuguan, ouverte tlj 9h-17h), une des plus grandes au monde avec plus de 13 millions de volumes, possède des livres rares vieux de 1 400 ans ; une salle de lecture pour les ouvrages en langue étrangère est disponible.

Parmi les autres bâtiments historiques ouverts au public, figurent l'ancienne résidence de Song Qingling (Songqingling Guju, ouverte tlj 9h-11h et 13h-16h30), où la femme de Sun Yat-sen vécut jusqu'en 1963, et l'ancienne maison de Sun Yat-sen (Sunzhongshan Guju, ouverte tlj 9h-16h30), où le fondateur de la République de Chine demeura jusqu'en 1924. La cathédrale Saint-Ignace (Xujiahui), une église gothique érigée en 1848, donne maintenant des messes en chinois.

Pudong, le nouveau Shanghai

Face au Bund et au vieux Shanghai, sur la rive est du fleuve, s'ouvre l'avenir de la métropole : la zone économique spéciale de **Pudong Xinqu**, ou Pudong New Area. Ce quartier de marécages était jusqu'à récemment habité par des paysans. A présent, Shanghai compte plus de 300 gratte-ciel, et la majorité d'entre eux se trouvent à Pudong, dans cette partie réaménagée de la ville. Du haut de ses 88 étages et 427 m, le **Jinmao Plaza** est un des plus hauts bâtiments de Chine. Il en est de même pour la **tour de télévision de la Perle Orientale** (Shanghai Minzhu, ouverte tlj 8h30-21h) ; culminant à 468 m, elle symbolise la puissance de la Chine moderne. Le pont d'observation à son sommet n'en finit pas d'attirer des touristes. Pudong possède aussi son propre Bund, qui n'en est encore qu'à ses balbutiements. Malgré une histoire inexistante, la rue de Binjiang avec ses boutiques modernes, ses cafés et des troupes de spectacle, commence à s'imposer comme une digne rivale de la rive ouest.

Pudong réunit quelques-unes des plus hautes tours d'Asie.

A la périphérie

Le **temple du Bouddha de Jade** (Yufo Si, ouvert tlj 8h-17h), au nord-ouest de Shanghai, n'est certes pas très vieux mais il n'en reste pas moins le premier site bouddhique de la ville, dont l'activité est assurée par la présence de 70 moines résidents. Les jardins de style Song recèlent la statue, rapportée de Birmanie, d'un précieux bouddha en jade blanc, assis dans la position de l'illumination. La plupart des statues des temples bouddhiques sont modelées en argile, puis recouvertes d'une fine couche d'or. C'est pourquoi ces œuvres géantes de jade attirent aussi bien les curieux que les croyants. Derrière l'autel, se trouve un flamboyant tableau mural en trois dimensions. Autre lieu intéressant pour les touristes, un magasin d'antiquités installé dans le parc propose des articles originaux à des prix honnêtes.

La seule pagode antique de Shanghai fait partie du **temple de Longhua** (Longhua Si, ouvert tlj 6h45-17h), dans la banlieue sud ouest. Elle fut reconstruite il y a plus de mille ans. La structure octogonale à sept niveaux fut restaurée dans les années 1950. Mais personne n'essaya de rectifier sa curieuse inclinaison, évidente même si elle reste négligeable par rapport à celle de la tour de Pise. Des petites cloches, suspendues aux coins des avant-toits recourbés, tintent dans la brise. Le temple lui-même est le plus grand lieu de culte bouddhiste de Shanghai. Maintes fois reconstruit, il affiche désormais une belle architecture de la dynastie Song du Sud.

Sortir et manger à Shanghai

Le Théâtre central de Shanghai et le nouveau Grand Théâtre (Dajuyuan), la réponse de Shanghai à l'Opéra de Sydney en Australie, sont les deux salles de spectacle les plus fréquentées.

Et puis, il y a la cuisine de Shanghai. Tandis que le tofou, les champignons et les pousses de bambous forment les ingrédients de base des plats populaires de la région, les recettes les mieux connues de Shanghai tirent profit de la proximité de la mer : les crabes d'eau douce cuits à la vapeur, d'octobre à décembre, et les anguilles de rivière, constituent des mets de choix.

SHAOLIN

Les origines des moines combattants des innombrables films *kung-fu* remontent au **monastère de Shaolin** (ouvert tlj 8h-18h) dans le Henan. En effet, les arts martiaux chinois et leurs ramifications, y compris des formes d'exercice plus douces comme le *taiqi* (tai chi), sont nés symboliquement, si ce n'est littéralement, dans ce monastère. La branche *chan* du bouddhisme (*zen* au Japon et en Occident) considère Shaolin comme sa source.

Avec autant d'arts traditionnels liés à un seul lieu historique, il n'est pas surprenant que le monastère de Shaolin soit devenu l'un des sites touristiques les plus populaires de Chine. Shaolin fournit désormais des plateaux de tournage pour les équipes de cinéma et propose des cours d'autodéfense s'adressant aux autochtones comme aux étrangers. Le site est à 80 km à l'est de Zhengzhou et à 70 km à l'ouest de Luoyang.

Nul besoin d'être un expert en *kung fu* pour apprécier le monastère. Même bondé et très commercial, Shaolin, qui fut fondé à la fin du Ve siècle, demeure un des monuments historiques et religieux les plus intéressants de Chine. En 625, un empereur de la dynastie Tang l'agrandit, en remerciement pour les services rendus par les moines de Shaolin pendant les conflits : ces der-

Le berceau des arts martiaux

Le monastère de Shaolin est généralement considéré comme le berceau de tous les arts martiaux asiatiques. Bodhidharma, le moine qui fonda le bouddhisme *chan* arriva par les monts Song Shan en 527. Il se rendit compte que nombre de moines bouddhistes étaient incapables de maintenir une concentration totale pendant les exercices de méditation les plus exigeants. S'inspirant de ses observations sur les mouvements des animaux, Bodhidharma aurait alors développé un exercice basé sur une méthode d'entraînement physique. Celle-ci devait devenir la boxe de Shaolin, un art martial inimitable qui, aujourd'hui encore, s'inscrit parmi les plus sophistiqués.

Le grand maître Biingwen Wang pare une attaque de Jiang.

niers avaient utilisé leurs techniques de combat pour repousser des fauteurs de trouble. Au début du VIᵉ siècle, Bodhidharma, un moine venu d'Inde, arriva à Shaolin, où il fonda le bouddhisme *chan*. Personnage plus fictif que réel, Bodhidharma aurait aussi créé le *kung fu (wushu)*, une technique de combat au corps-à-corps qui fut ensuite modifiée pour produire le *taiqi*, cette forme d'exercice très populaire que des millions de Chinois, surtout parmi les plus âgés, pratiquent chaque matin, notamment dans les parcs des grandes villes.

Les moines de Shaolin semblent avoir entretenu leurs compétences en autodéfense au fil des siècles, ce qui leur valut maintes représailles. Au XVIᵉ siècle, ils furent appelés à la rescousse pour débarrasser la Chine des pirates japonais qui pillaient ses côtes. En 1928, lorsque des seigneurs de guerre se partagèrent la République de Chine en déclin, un général assiégea Shaolin et l'incendia. Mis à sac pendant la Révolution Culturelle, le monastère reconstruit abrite maintenant 70 moines.

Aujourd'hui, Shaolin possède des reliques et des vestiges intéressants. De toutes les salles, pavillons et temples reliés par de

Le *taiqi*, ou *taijiquan*, parfois appelé la « boxe des ombres » en Occident, peut se pratiquer à mains nues, avec un sabre ou toute autre arme, et seul ou avec un partenaire.

vastes cours, la **salle des Milles Bouddhas** (Qianfo Dian, 1588) est la plus importante, ornée d'une fresque représentant les moines au combat. Au fond, les générations successives de moines à l'entraînement ont marqué de leur empreinte le sol de pierre sacré, à présent très abîmé. Tout près, se trouve la Pierre de l'Ombre, une dalle dont le contour représente un personnage en méditation. Elle proviendrait d'une grotte où Bodhidharma, assis en lotus, médita si profondément pendant neuf ans que son ombre s'imprima sur le mur. Une promenade de 10 minutes jusqu'au sommet de la colline nord, derrière le complexe de Shaolin, mène à la grotte, maintenant un sanctuaire pour les fidèles.

Les cours extérieures de Shaolin contiennent d'autres trésors extraordinaires. La **Forêt de stupas** (Ta Lin) possède un intérêt historique. Les *stupas* (ou *dagobas*) sont de petites pagodes closes renfermant les reliques sacrées et les restes de moines illustres. La forêt de 227 pagodons de brique représente plus de mille ans de funérailles bouddhiques, du VIIIᵉ au XIXᵉ siècle, commençant avec celle d'un abbé de la dynastie Tang qui y fut enterré en 746. A côté de la Forêt de stupas, se trouve l'attraction la plus appréciée de Shaolin : c'est un ensemble de pavillons en plein air contenant une multitude de statues en bois de moines, grandeur nature, figés dans toutes les positions classiques à utiliser dans un combat de *kung fu*.

Shaolin offre un autre plaisir pour les plus téméraires. Le monastère est situé au pied de la chaîne occidentale des montagnes Song Shan, qui comprennent le sommet du milieu des cinq monts taoïstes de Chine. Un téléphérique emporte rapidement les visiteurs jusqu'au sommet, d'où partent de nombreux chemins de randonnée. De là-haut, la vue sur le monastère de Shaolin et les vastes vallées désertiques du Henan est impressionnante. Au bout de la chaîne, des parois rocheuses verticales de 300 m de haut surplombent les vallées, où une série de passerelles et de chemins taillés dans la roche passent parmi d'anciens temples et des pavillons avant d'aller se perdre dans le silence et le néant.

SUZHOU

Suzhou est réputée depuis des siècles pour ses canaux et ses jardins, la beauté de ses femmes et la musicalité du dialecte local. Un ancien proverbe chinois, faisant allusion aux charmes linguistiques de la région, assure que même le son d'une dispute à Suzhou est plus doux que celui d'une flatterie à Guangzhou. Marco Polo pensa que les habitants étaient meilleurs commerçants que guerriers et il décrivit la ville comme vaste et magnifique. La soie y est produite en telles quantités, rapporta-t-il, que chacun des citoyens en est revêtu et le surplus exporté. Aujourd'hui encore, la soie reste un des piliers de l'économie locale.

La forêt des Lions de Suzhou a inspiré les empereurs Qing.

Que vous vous rendiez à Suzhou de Shanghai ou de Nanjing, vous traverserez des paysages exceptionnels, typiques de la « terre du poisson et du riz ». Les sampans et les chalands sillonnent les canaux qui divisent les terres arables, où les paysans, pieds nus et coiffés des fameux chapeaux pointus, pataugent dans les rizières boueuses. Le Grand Canal s'anime d'un défilé de péniches chargées de fruits et de légumes, de matériaux de

Verdure luxuriante dans le jardin de la Politique des Simples.

construction ou de charbon. Le nom de Suzhou signifie « eau abondante ».

Le **Grand Canal**, deuxième fleuron de l'ingénierie chinoise après la Grande Muraille, fut commencé il y a 2 400 ans. Au VIe siècle, il reliait déjà Suzhou et d'autres régions agricoles prospères du sud aux consommateurs du nord, particulièrement l'empereur et sa cour qui, quelle que fût la saison, appréciaient les produits frais. Les excursions en bateau sur le canal partent souvent de Suzhou et traversent une autre cité merveilleuse, Wuxi *(voir p. 175)*.

Mais Suzhou est surtout connue pour ses jardins chinois classiques parfaitement aménagés et maintes fois imités dans le reste du pays. Plus de 150 furent aménagés, le premier il y a plus de mille ans. Le plus grand de tous est le **jardin de la Politique des Simples** (Zhuozheng Yuan, ouvert tlj 7h30-17h30 en été, 8h-17h en hiver), construit par un mandarin de la dynastie Ming. Comme il sied à la ville de « l'eau abondante », des étangs recouvrent la majorité des terres. Or qui dit étang, dit îles artificielles, pont en zigzags, belvédères et saules pleureurs.

A l'ouest, le **jardin Où l'On S'Attarde** (Liu Yuan) est un refuge de fleurs, d'arbres, de cours et de pavillons. Il est lui aussi œuvre d'un fonctionnaire Ming qui voulait en faire un lieu de méditation. Au cours de votre flânerie, observez le rocher de ... nnes qui fut apporté en bateau du lac Tai *(p. 176)*, il y a ... à cause de sa forme évocatrice. Tout près, le **jardin de**

l'Ouest (Xi Yuan) fut donné à un monastère bouddhique. Le temple (ouvert tlj 7h-16h30) fut détruit au cours de la révolte des Taiping, puis reconstruit. La **forêt des Lions** (Shizi Lin, ouverte tlj 8h-17h) date de 1336. Les rochers, apportés du lac Tai, évoquent la forme et la puissance des lions. Les empereurs de la dynastie Qing s'inspirèrent des rocailles de la forêt des Lions de Suzhou pour réaliser celles de l'ancien palais d'Eté de Beijing.

Sans doute le plus petit de Suzhou, le **jardin du Maître des Filets** (Wangshi Yuan, ouvert tlj 8h-17h), situé en plein centre ville, couvre un demi-hectare. Son fondateur, un politicien en retraite, se retira de la vie publique pour devenir pêcheur. Quels que fussent ses intérêts, il devait avoir du mal à ne pas se sentir inspiré par la vue qu'il avait depuis sa modeste étude. Ce chef-d'œuvre de classicisme chinois servit de modèle à la cour Astor du jardin chinois du Metropolitan Museum of Art de New York.

Secrets soyeux

Lorsque la chenille du *Bombyx mori* est prête à se transformer en papillon, elle sécrète un fil de plusieurs centaines de mètres et s'en roule pour former un cocon imperméable. Voici 4 000 ans que les Chinois savent utiliser ce filament de soie pure.

Dès le XIVe siècle av. J.-C., les vers à soie furent domestiqués par les fermiers chinois qui les nourrissaient de feuilles de mûrier et plongeaient les cocons dans l'eau tiède pour libérer le fil de soie. Les secrets de fabrication de la soie étaient gardés si jalousement que leur divulgation valait une condamnation à mort par torture.

La précieuse étoffe était exportée vers l'Europe par la légendaire Route de la Soie, qui traversait l'Asie centrale jusqu'à l'empire romain. Malgré l'importation clandestine de vers à soie au Japon puis en Syrie, où la sériciculture apparut, les Chinois demeurèrent les experts incontestés de la soie brodée, ornée de dragons, d'oiseaux et de fleurs. Les exportations en Europe se poursuivirent au Moyen-Age. Aujourd'hui, 10 millions de fermiers chinois fabriquent plus de la moitié de la production mondiale de soie.

➤ Parmi les autres intérêts touristiques de Suzhou, la **colline du Tigre** (Huqiu Shan, ouverte tlj 7h30-17h30 en été, 7h30-16h30 en hiver) est sans doute le plus important. Cette colline artificielle érigée il y a 2 500 ans renfermerait la tombe d'un roi de la période des Printemps et Automnes. Elle regorge de formations rocheuses élaborées, de végétation et de cascades. Au sommet, s'élève une pagode en brique de sept étages, **Yunyuan Ta**. Telle celle de Shanghai, elle penche légèrement, mais des renforts modernes assurent son équilibre. Parmi les autres sites de l'ancien cœur de la ville qui valent le détour, figure la **porte Panmen** du XIVe siècle, où un magnifique pont voûté enjambe le canal qui relie Suzhou au Grand Canal.

Suzhou est également réputée pour sa production de soie. Le **musée de la Soie de Suzhou** (ouvert tlj 9h-17h30) illustre les 5 000 ans d'histoire de la sériciculture dans la région, tandis que le **musée de la broderie de Suzhou** abrite en fait une usine opérationnelle et un point de vente.

A cause de ses canaux, Suzhou est surnommée la Venise orientale.

Site religieux digne d'intérêt, le **temple du Mystère** (Xuan-miao Guan, ouvert tlj 8h-16h), au cœur commerçant du centre-ville en pleine régénération, comprend la plus grande salle taoïste de Chine, construite en 1179 aux débuts du mouvement religieux. Il ouvre sur le plus grand marché en plein air de Suzhou.

TAI SHAN

Méconnue en Occident, **Tai Shan** est la montagne la plus célèbre de Chine. Toutes les personnalités qui marquèrent l'histoire de la Chine, de Confucius à Mao, grimpèrent à son sommet. Parce qu'elle fut longtemps considérée comme la montagne sacrée de l'Est par les disciples du taoïsme, Tai Shan a servi pendant plus de 2 000 ans d'autel suprême pour des millions de pèlerins. Elle compte indéniablement parmi les montagnes les plus gravées du monde. Même de nos jours, elle attire une foule de visiteurs, la plupart venant de Chine.

Située dans la province du Shandong sur la ligne de chemin de fer entre Beijing et Shanghai, Tai Shan ne culmine qu'à 1 545 m d'altitude, mais l'ascension est raide avant de pouvoir apercevoir la mer de Chine Orientale. Ses côteaux rassemblent plus de vingt temples en activité, quelque 800 tablettes gravées et environ mille inscriptions à même la falaise : une véritable bibliothèque de la culture chinoise gravée en pleine nature.

Tai'an, le village situé au pied de Tai Shan à 64 km au sud de Jinan, abrite le magnifique **temple du Dai** (Dai Miao, ouvert tlj 7h20-18h30), un complexe plein de trésors historiques derrière la muraille d'enceinte : une tablette de pierre retrace la promotion de la montagne au titre *« d'empereur de Chine »*, selon la désignation que lui accorda en 1011 un empereur de la dynastie Song ; le plus précieux de tous est la **tablette Qin**, gravée en 209 av. J.-C. pour commémorer l'ascension de Tai Shan par le Premier empereur de Chine, Qinshi Huangdi. Le temple principal contient également une statue du dieu de la montagne, Tai-shanwang, le Juge des Morts. Au nord du temple du Dai, la route des Pèlerins (Pan Lu) conduit à la première porte du Ciel, qui donne accès à la montagne. Au-delà, vous vous trouverez face à d'énormes marches de granite. Quelque 5 km séparent la première porte de la porte à mi-chemin du Ciel (Zhongtianmen) et, de celle-ci, il y a moins de 3 km jusqu'au sommet. Les derniers mille mètres sont les plus pentus, alors que vous montez à 1 370 m d'altitude. Les plus pressés peuvent prendre un bus ou louer un taxi jusqu'à la porte à mi-chemin du Ciel et de là, embarquer dans le téléphérique jusqu'au sommet.

Ceux qui restent sur l'antique route des Pèlerins doivent se préparer pour une randonnée longue mais fascinante. Parmi les sites intéressants, figurent le **vallon du Sûtra de Pierre**, où les bouddhistes du VIᵉ siècle gravèrent le texte du *sûtra* du Diamant dans le lit d'un cours d'eau ; le pin qui abrita le Premier empereur de Chine au cours de son ascension ; et une ultime échelle de 2 000 barreaux de pierre qui monte jusqu'au pavillon Qui Touche Le Ciel.

L'ascension au sommet de Tai Shan peut prendre des heures.

Le sommet recèle d'autres trésors. Les inscriptions de la dynastie Tang (Moyabei) furent gravées en grands caractères et dorées à l'or fin pour rappeler le pèlerinage de l'empereur Xuanzong en 726. La Stèle Sans Inscription (Wuzibei), vierge, aurait été placée ici par le Premier empereur il y a plus de 2 000 ans ; elle porte bonheur à ceux qui viennent la toucher. Le temple de la Princesse des Nuages Roses (Bixia Si) est le sanctuaire le plus vénéré du sommet de Tai Shan. C'est ici que siège la déesse de Jade, fille du dieu de la montagne, qui soigne la cécité et répond aux prières des couples sans enfant. Aujourd'hui encore, des centaines de fidèles convaincus et de pèlerins viennent lui adresser leurs ferventes prières au sommet de Tai Shan.

A l'aube, les milliers de visiteurs qui passent la nuit dans les auberges du sommet attendent le lever du soleil. C'est précisément à cet endroit que Confucius annonça que le monde était petit et que Mao proclama : « *l'Est est rouge* ».

Lever du soleil sur le sommet le plus vénéré de Chine.

TURPAN

S'il pleuvait, les trottoirs de Turpan se transformeraient en boue, mais il ne pleut presque jamais. Au milieu du désert de la région autonome du Xinjiang, il n'y a que 16 mm de précipitations par an. Le reste de la pluie s'évapore avant même d'atteindre le sol.

Située dans le bassin du Tarim, à 79 m en dessous du niveau de la mer, **Turpan** occupe la deuxième fosse continentale la plus profonde du monde, après celle de la mer Morte. Avec ses rues ombragées bordées d'arbres, cette ville assez importante, dont les maisons sont équipées de l'électricité et de l'eau courante, n'en paraît que plus surprenante. C'est une étonnante oasis, un bastion de civilisation sous un des climats les plus hostiles.

Le secret de Turpan ? L'eau souterraine, collectée de nos jours comme depuis des milliers d'années par un système de puits *(karez)* communiquants qui captent en profondeur l'eau des montagnes Célestes (Tian Shan) et l'apportent jusqu'à l'oasis. Si cet aqueduc était construit en surface, la plus grande partie de l'eau s'évaporerait. Sur toute la région, ce réseau de tunnels creusés à la main s'étend sur 3 000 km environ, certaines canalisations mesurant jusqu'à 40 km chacune.

Les puits permettent de cultiver du coton, des melons et du raisin exceptionnellement sucré qui bénéficie d'une excellente réputation. Et la progression du désert alentour est ralentie par des haies d'ormes, de peupliers et de palmiers abondamment irrigués. Le **karez** est une merveille d'ingénierie comparable à celle du Grand Canal. Un centre d'exposition aménagé sur un des puits permet aux visiteurs d'entrer dans ces points d'eau creusés à la main pour les voir de plus près.

Les conditions climatiques du « four » de la Chine restent toutefois inhospitalières pour les hommes. En été, lorsque la température dépasse 40°C pendant plusieurs jours successifs, les habitants de la région s'abritent dans les caves jusqu'à ce que la brise nocturne se lève. Au printemps, lorsque le mercure n'affiche que 30°C, les habitants s'habillent comme pour les grands froids, les hommes portant des caleçons longs et les femmes d'épais bas marrons et des écharpes aux couleurs gaies.

Turpan se trouve à peu près à 200 km au sud-est d'Urumqi *(voir p. 168)*, chef-lieu de la région. Hormis en hiver, le climat est si sec et si chaud dans l'oasis qu'il est conseillé aux touristes de boire autant de thé ou de jus de fruit que possible pour éviter la déshydratation. La lessive suspendue aux cordes à linge sèche en quelques minutes plutôt qu'en plusieurs jours.

Une famille ouïgoure en route pour le marché de Turpan.

Il y a 2 000 ans, les marchands de la Route de la Soie s'arrêtaient à Turpan pour y trouver eau et repos. Le **bazar** actuel pourrait laisser croire que rien n'a changé depuis, avec ses boucheries en plein air, ses cordonniers, ses dentistes et son stand de tir, ses marchands d'herbes médicinales, de calottes brodées et de tabac. Les restaurants improvisés servent des *kebabs*

épicés et du pain *nang*. Les clients, la plupart du groupe ethnique ouïgour – les Ouïgours constituent 80% de la population de Turpan – donnent à cette oasis de la Route de la Soie une apparence bien peu chinoise. Les minarets sont plus nombreux que les pagodes. A l'est de la ville, le **minaret du Sultan Emin** (Emin Ta) est une superbe tour en briques bleues de 44 m de haut. Il fut érigé en 1778. Adjacente, la mosquée de Soliman en pierre blanche, avec son intérieur dépouillé, a l'air de n'être pas terminée ; c'est la plus grande de la région.

Le minaret Emin, d'influence afghane plus que chinoise.

Les ruines de deux anciennes capitales du désert constituent les sites les plus remarquables de la région. La ville de **Jiaohe**, à 10 km à l'est de Turpan, fut fondée au IIe siècle av. J.-C. et aménagée en damier. En dépit de sa destruction à la fin du XIVe siècle, ses sables et ses briques forment encore les contours envoûtants d'une cité imposante, qui s'étendait sur 1,5 km. Parmi les ruines, se distinguent un temple bouddhique et des statues décapitées.

Gaochang, une seconde cité antique à 46 km à l'est de Turpan, présente une imposante enceinte de 5 km de long. Gaochang atteint son apogée sous la dynastie Tang, lorsqu'elle devint capitale des territoires occidentaux de Chine. Lorsque l'islam y supplanta le bouddhisme au XIIIe siècle, Gaochang fut abandonnée. De nos jours, les visiteurs louent généralement une charrette à âne ouïgoure pour faire le tour des vestiges. L'architecture présente encore une facture musulmane distinctive.

A quelques kilomètres de Gaochang, se trouve la **nécropole d'Astana**, découverte par hasard en 1972. Le tombeau le plus ancien date de 273. Grâce à la quasi-absence d'humidité, les peintures murales des tombeaux ont conservé leurs vives couleurs d'origine ; de même, plusieurs des dépouilles ne se sont pas beaucoup détériorées. Les visiteurs peuvent pénétrer dans plusieurs des chambres funéraires, notamment une où des époux enterrés ensemble il y a douze siècles sont couchés côte à côte. Leurs cheveux et leurs ongles, longs, ont continué à pousser après leur mort.

> **Plusieurs expéditions sino-japonaises dans le Xinjiang, à l'ouest de la Chine, ont mis au jour d'importants champs de fossiles de dinosaures, la plupart datant du jurassique.**

Au nord-est de Turpan, la route longe les **monts de Feu** (Huoyan Shan). Leurs versants exposés au sud emmagasinent la chaleur du soleil – des températures aussi élevées que 75°C y ont été relevées. Sur la falaise abrupte d'une de ces gorges, se cachent les grottes aux Milles Bouddhas de **Bezeklik**, dont les sculptures et les fresques remontent au Ve siècle. Malheureusement, ce monastère troglodyte a été en grande partie vidé de ses trésors par des groupes religieux rivaux et par des pilleurs archéologiques d'Occident. Les 40 murs et plafonds peints restants se sont estompés au point de presque disparaître dans la poussière omniprésente du désert environnant.

URUMQI

En mongol, Urumqi signifie « bon pâturage ». En ouïgour, son nom s'écrit avec des trémas : Ürümqi. Pour les Chinois, le mot a quatre syllabes. Mais peu importent l'orthographe et la prononciation : **Urumqi** sonne lointain et exotique. Lointaine, elle l'est assurément : c'est la seule grande ville du monde aussi éloignée de la mer. Exotique, Urumqi abrite une population cosmopolite composée de Han, d'Ouïgours, de Hui et de Kazakhs. Les Han, ethnie chinoise, ont transformé la ville en une métropole industrielle moderne. Enfin, les Chinois, la plupart de récents immi-

grants « économiques », représentent dorénavant 75% du million et demi d'habitants.

Urumqi est la capitale de la région autonome ouïgoure du
Xinjiang, qui couvre un sixième de la surface totale de la Chine.
Elle est limitrophe de l'Afghanistan, du Pakistan, de l'Inde, du
Tadjikistan, du Kirghizstan, du Kazakhstan et de la Mongolie,
sur l'ancienne Route de la Soie qui traverse l'Asie centrale. Plus
de la moitié de la population de la province appartient à des
groupes minoritaires, les Ouïgours étant les plus nombreux. Les
meilleurs sites touristiques se trouvent loin de la ville, sur les
hauts plateaux, qui restent le domaine exclusif des nomades.

Urumqi est la ville la plus moderne et la plus chinoise de la
Route de la Soie. Les avenues du centre-ville sont bordées
d'arbres ; il y a des dizaines de mosquées, et les marchés en
plein air apportent leurs touches de couleur. Au plus grand marché couvert, le **bazar Erdaoqiao**, les commerçants vendent des
articles faits main, des bottes aux tapis multicolores, et des trou-

Cette autoroute du désert s'enfonce à l'extrême ouest du pays.

peaux de moutons et des charrettes tirées par des ânes sillonnent les allées. Les articles les plus irrésistibles sont comestibles : les *kebabs*, les nouilles faites maison, et les pains plats et ronds, cuits sur place sur des feux de charbon.

Le **musée des Peuples minoritaires du Xinjiang** (Xinjiang Weiwuer Zi Zhiqu Bowuguan, ouvert mar-dim 9h30-13h et 16h-20h en été, 9h30-13h et 15h30-19h30 en hiver), où les indications sont données en anglais, en chinois et en ouïgour, expose des pièces de monnaie, des boucles d'oreille, des faïences, des articles de soie et quelques momies embaumées du XIIIe siècle ; tous ces vestiges retracent l'histoire de la Route de la Soie et reconstituent l'habitat et les coutumes des principales ethnies de la région. Les boutiques du musée proposent les principaux produits typiques : tapis persans, calottes décorées, couteaux menaçants dans des fourreaux de bronze (comme ceux portés par maints habitants de la région), instruments à corde et jade blanc.

> **Le mont Rouge (Hong Shan) offre une belle vue sur Urumqi. Là, se dressent un pavillon de jardin chinois et la petite pagode Zhenglong du XVIIIe siècle, tous deux symboles de la ville.**

Deux sites de la rivière Urumqi présentent des caractéristiques plus chinoises que mongoles : le **mont Rouge** (Hong Shan) et le parc Hong Shan, sur la rive ouest, sont des lieux de loisirs et de pique-nique fréquentés par les gens du pays.

Dans les montagnes du Sud (Nan Shan), à 74 km au sud d'Urumqi, les Kazakhs déplacent leurs familles à cheval et installent leurs yourtes sur les hauts pâturages pour faire brouter leurs moutons. Au bout du chemin, près d'une cascade alpine, les Kazakhs, qui chevauchaient naguère aux côtés de Genghis et Kublai Khan dans ces prairies, ouvrent leur village aux visiteurs et, en juillet, organisent une fête *(nadam)* de six jours comprenant des courses de chevaux et des combats de lutte.

 A 120 km à l'est d'Urumqi, le fameux **lac du Ciel** (Tian Chi) est un des lacs de montagne les plus pittoresques au monde. A

L'intérieur des yourtes nomades s'avère souvent très chaleureux.

l'ombre du mont Bogda (5 444 m d'altitude), il est cerné de
yourtes, de moutons en train de paître et de pics recouverts de
neige. Dans ce cadre d'une beauté à couper le souffle, les Kazakhs se font un plaisir de partager leur nourriture, leur habitation et leurs chevaux avec les visiteurs payants qui souhaitent
faire le tour du lac à cheval ou passer la nuit dans une yourte.

WUHAN

Centre industriel et intellectuel dynamique, **Wuhan** est à égale
distance de Beijing, Guangzhou, Shanghai et Chongqing. Son
emplacement au confluent des fleuves Yangzi et Han en fait un
carrefour important. Ici, les plaintes des sirènes des navires à
aube se mêlent aux sifflements des trains de la principale ligne
de chemin de fer nord-sud du pays.

L'histoire de Wuhan a toujours été associée aux eaux
boueuses et nourricières du Yangzi. Le fleuve est si large et
traître qu'avant la construction du grand pont de béton et d'acier
de Wuhan (le premier à traverser le Yangzi), toutes les communications dépendaient des ferries, souvent malmenés par le

Un bateau de croisière à quai à Wuhan, avant de partir sur le Yangzi.

brouillard ou les inondations. Maintenant, le **Grand Pont sur le Long Fleuve** (Changjiang Daqiao) à deux niveaux est fièrement présenté aux touristes comme un des triomphes de la Chine nouvelle. Il en va de même pour les digues, si hautes que, du quai, elles obstruent la vue sur la rivière. Mais la rage du Yangzi ne se laisse pas aisément contenir. En 1983, Wuhan fut inondée malgré des préparatifs titanesques, et les grandes inondations de 1998 (les pires depuis 54 ans), poussèrent encore une fois la ville au bord du précipice.

Wuhan est en fait un nom moderne, issu des dénominations de trois villes historiques voisines : Wuchang, Hankou et Hanyang. Wuchang, la plus ancienne, compte de nombreux parcs. Hankou, sur la rive opposée du Yangzi, fut ouverte aux puissances étrangères au XIXe siècle en tant que concession portuaire ; à marée haute, des navires de 10 000 tonneaux peuvent remonter jusqu'au port de Hankou depuis la mer, à 1 500 km de là. L'ancien port franc est devenu le plus grand district commerçant de la ville. Hanyang, séparée de Hankou par le fleuve Han et un autre pont, moins ambitieux, s'avère plus typiquement chinoise.

Après les guerres de l'Opium, Hankou fut divisée en zones britannique, française, allemande, japonaise et russe. Le long de l'avenue Zhongshan, près des terminaux de ferry du Yangzi, il reste quelques anciens bâtiments de style européen qui témoignent de son passé colonial. Sur le quai, les bureaux de la municipalité, qui gère une ville dont la population a dépassé les 6 millions, sont de facture allemande.

Mais Wuhan, chef-lieu de la province du Hubei, a aussi joué un rôle considérable dans l'histoire révolutionnaire. La rébellion d'octobre 1911, instiguée par Sun Yat-sen, commença à Wuhang. Les combats furent particulièrement acharnés à Hankou. L'Institut du mouvement central des paysans, où les activistes communistes étaient formés dans les années 1920, fut établi à Wuchang. Mao Zedong y enseigna. D'ailleurs, les traces de son séjour sont nombreuses dans la ville, notamment des objets maintenant conservés au musée provincial et la villa (Mao Zedong Bieshu) où il passait souvent ses vacances.

Le **musée provincial du Hubei** (Hubei Sheng Bowuguan) doit son excellence à la découverte fortuite en 1978 du tombeau du marquis Yi de l'Etat de Zeng. Situé à 108 km au nord-ouest de Wuhan, le tombeau contenait assez de trésors pour remplir plusieurs musées. Près de mille articles, soit 15% environ de la totalité des vestiges, sont maintenant exposés dans ce musée.

Le nom chinois du Yangzi, Chang Jiang, signifie Longue Rivière – une appellation appropriée puisqu'il est le plus long fleuve de Chine et le troisième du monde après le Nil et l'Amazone.

Lorsque Yi mourut en 433 av. J.-C., il fut longuement pleuré. Il fut enterré avec son chien et 21 femmes sacrifiées, ainsi qu'avec des offrandes comprenant des pichets à vin en bronze et des instruments de musique dont le nombre suffirait à constituer un orchestre. Le plus bel objet musical de la collection est un jeu de 65 cloches de bronze, délicatement décorées et à présent restaurées pour retrouver leur tonalité d'origine. Les visiteurs peuvent écouter un enregistrement

Les Trois Gorges et le Yangzi en amont de Wuhan.

des cloches jouant de la musique chinoise et occidentale ; leur son se situe entre celui d'un *glockenspiel* et d'un carillon moderne.

Le musée donne sur le **lac de l'Est** (Dong Hu), le plus vaste de Chine aménagé dans un parc municipal : ses 33 km² d'eaux limpides se prêtent bien à la pratique de la voile, à la baignade et à la pêche. Bien sûr, aucun lac chinois ne serait complet sans ses îles artificielles et ses pavillons, dont plusieurs abritent des maisons de thé, toujours ornées de fleurs de pêcher et de prunier, d'orchidées ou d'osmanthus, selon la saison.

Principal lieu de culte de Hanyang, le **temple Gui Yuan**, s'étale parmi les pins et les cyprès. Construit au XVIIᵉ siècle, ce fut le seul des quelque vingt temples bouddhistes de Wuhan épargné par les Gardes rouges de la Révolution Culturelle (1966-1976). La salle des Cinq Cent Disciples est une galerie fascinante de statues toutes différentes souriant, baillant, se renfrognant, méditant et lorgnant sournoisement.

La **terrasse de l'Ancienne Mandoline** (Guqintai) de la dynastie des Song du Nord commémore une légende vieille de 2 500 ans qui raconte l'amitié profonde entre un mandarin joueur de mandoline et un bûcheron passionné de musique. Les musiciens amateurs donnent libre cours à leur passion à la maison de thé, lieu de rencontre favori des retraités du quartier.

A Wuchang, de l'autre côté du pont de 1,5 km sur le Yangzi, se trouve la tour de la Grue Jaune (Huanghe Lou), construite d'après une autre légende. Erigée à l'origine en 223, la structure de bois brûla et fut reconstruite à plusieurs reprises. En 1981, le dernier projet de reconstruction démarra à environ 1 km du site d'origine. La conception et la décoration de la nouvelle tour sont basées sur des peintures des dynasties Yuan et Ming et une maquette du pont tel qu'il existait sous les Qing.

WUXI

Décidément, cette jolie ville mérite un nom plus poétique. **Wuxi** signifie en effet « plus d'étain », une référence à l'épuisement, il y a 2 000 ans, des mines d'étain de la région. Wuxi est un centre industriel et commercial de plus d'un million d'habitants dans la « terre du poisson et du riz », une région fertile semi-tropicale. Située à 128 km au nord-ouest de Shanghai, la ville est assez proche pour permettre une excursion d'une journée en train. Les canaux et les rivières s'entrecroisent dans la ville, et le Grand Canal, principal attrait historique de Wuxi, coule en plein centre-ville depuis le lac Tai, le site naturel le plus important.

Le canal roi

Les innombrables bateaux et péniches qui naviguent sur le Grand Canal à Wuxi rappellent l'époque où il était le principal axe nord-sud de la Chine. Pendant plus de 2 000 ans, des travaux d'aménagement herculéens relièrent laborieusement lacs et rivières jusqu'à former un seul canal qui, partant de Hangzhou *(voir p. 109)*, ralliait l'ancienne capitale Chang'an (l'actuelle Xi'an) et traversait le fleuve Yangzi et le fleuve Jaune avant d'aboutir à Beijing. Les routes construites le long de chaque rive étaient ombragées d'ormes et de saules.

A l'apogée de son activité, quelque 15 000 jonques, sampans et péniches sillonnaient le canal, transportant céréales, bois, sel, poisson, étoffes et poterie, ainsi que les produits de luxe du sud. Avec l'arrivée du chemin de fer et des bateaux à vapeur côtiers, le trafic déclina. Par endroits, l'ancien lit du canal fut mis en culture, voire bâti de maisons d'habitation. Aujourd'hui, le Grand Canal, en cours de restauration, sert à nouveau à la navigation, ainsi que pour irriguer les rizières et contrôler les inondations.

Le lac Tai est chanté dans maintes légendes chinoises.

Même une courte balade en bateau sur le **Grand Canal** à travers la ville regorge de vues pittoresques et d'occasions de photos inoubliables. A chaque pont, tous de facture différente, les passants saluent de la main les bateaux. Les embarcations poussées à la perche dégagent le passage pour que les longs convois de péniches croulant sous des monceaux d'oignons, de roseaux, de bois et de briques les dépassent péniblement. Les riverains, qui habitent dans de jolies maisons blanchies à la chaux, lavent leur linge dans le canal. Vous verrez peut-être un pêcheur ordonner à ses cormorans de plonger ; leur cou est bagué pour qu'ils ne puissent pas avaler les prises.

Le Grand Canal, commencé il y a 2 400 ans, donna naissance à une voie navigable à l'intérieur des terres sur une distance de 1 794 km, de Beijing à Hangzhou. Les excursions organisées pour les touristes étrangers durent d'une demi-journée à une semaine, auquel cas la croisière passe par Suzhou, Wuxi, Changzhou et Zhenjiang, en plus du port de Yangzhou sur le Yangzi. La croisière permet de découvrir les riches plaines du Zhejiang et du Jiangsu. Les autorités touristiques de la province encouragent également des randonnées à bicyclette dans la campagne.

Le **lac Tai** (Tai Hu), une vaste étendue d'eau douce ponctuée de 72 îlots, est le lac le plus célèbre dans les légendes chinoises. L'île de la Tête de Tortue (Yuantouzhu, ouverte tlj 6h-17h), en réalité une péninsule au bord du lac Tai, abrite un paradis d'arbres et de fleurs, de ponts et de pavillons avec vue sur le lac, aménagé en jardin en 1918. Le lac est un spectacle à lui tout seul avec ses innombrables jonques de pêche et ses sampans à la dérive. Les ferries d'excursion desservent l'île des Trois Collines (Sanshandao), ou île de la Fée. Ce parc de loisirs situé au milieu du lac possède un nouveau temple à quatre étages abritant la statue d'un ancien empereur. Du sommet, la vue sur le lac est superbe.

Le plus haut bouddha du monde (Lingshan Dafo, ouvert tlj 6h30-18h) fut inauguré en 1997 à Lingshan, sur la rive du lac, à 18 km à l'ouest de Wuxi. Fabriqué en plaques de bronze, le bouddha du lac Tai pèse 700 tonnes et mesure 73 m de haut.

Wuxi renferme aussi deux jardins classiques. Le **jardin Li** (Li Yuan, ouvert tlj 6h30-17h30) arbore des ponts voûtés, des pavillons aux couleurs tape-à-l'œil, des sentiers de promenade, des étangs à poisson, une pagode miniature et une allée couverte comptant 89 fenêtres. Le **jardin Jichang** (Jichang Yuan), créé en 1520, est un jardin privé aménagé dans le style de Suzhou. Conquis, l'empereur Qianlong décida d'en construire un similaire dans le palais d'Été de Beijing en 1750.

La pagode de la Lumière du Dragon domine le parc Xihui.

Le jardin Jichang fait partie du **parc Xihui** (ouvert tlj 5h30-18h en hiver, 5h30-22h en été) sur le Grand Canal, où se dresse la pagode à sept étages de la Lumière du Dragon (Long Guang Ta), construite sous la dynastie Ming. Au printemps, il accueille le festival des Tulipes, pour lequel des fleurs sont importées de Hollande. Dans ce parc, jaillit la source Erquan, une des meilleures du monde pour l'infusion du thé, selon un ouvrage écrit par l'érudit Lu Yu.

XIAMEN (AMOY)

La métropole la plus propre de Chine, selon une étude officielle, et aussi une des plus jolies, **Xiamen** est une ville portuaire située dans la province du Fujian, à quelques encâblures de Taiwan, au bord de la mer de Chine Orientale. Prospère grâce à ses relations étroites avec les investisseurs chinois à l'étranger (nombreux sont ceux qui sont originaires de la région), Xiamen a judicieusement maintenu les bulldozers à l'écart de son centre-ville historique et de son port.

En partant de la place du port, toujours animée et surplombée par les balcons du vénérable **hôtel Lujiang**, vous atteindrez tranquillement les vieux quartiers le long de la rue Zhongshan, en passant devant des dizaines de magasins d'antiquités et de cafés. Vous pouvez également suivre la rue Minzu, vers le sud, pour aller observer l'activité des bateaux de pêche et des entrepôts sur les quais.

La population active de Xiamen part pour le travail à l'aube.

Si vous marchez assez longtemps ou prenez un taxi, vous arriverez au **temple Nanputuo** (ouvert tlj 8h-17h), blotti à flanc de coteau sur la rive est du port. Cet ensemble de bâtiments bouddhiques est en parfait état, et son marbre d'un blanc éblouissant. Il est continuellement fréquenté par les gens du pays qui brûlent de l'encens ou prient pour s'attirer les faveurs du sort. Les falaises derrière le temple sont idéales pour faire de l'escalade et pique-niquer.

Le musée des Chinois de l'Etranger (Huaqio Bowuguan, ouvert tlj 9h-16h30) est consacré aux 2,5 millions de Chinois du Fujian qui se sont expariés. La poterie et les bronzes y sont remarquables.

Au sud du temple, après l'**Université de Xiamen**, fondée en 1921 par un natif de Xiamen qui fit fortune à Singapour, se trouve la **plateforme à canon du mont Huli**. En 1921, les Allemands placèrent leur artillerie ici pour défendre le port d'Amoy (nom sous lequel Xiamen était alors connue des Occidentaux), Si, par une belle journée, vous regardez de cet emplacement au-delà du détroit de Formose, vous pourrez deviner le contour des îles contestées de Matsu et Kinmen, jadis appelée Quemoy par les politiciens occidentaux. Ces îles furent mentionnées dans les débats électoraux de 1960 entre Nixon et Kennedy. Aujourd'hui, la « guerre froide » entre la Chine et Taiwan, souvent menée à coup de hauts-parleurs et de lâchers de prospectus dans le détroit de Formose, semble être terminée. Taiwan a donc ouvert les deux îles au tourisme.

Pour tout visiteur, **Gulangyu** constitue l'attrait principal de Xiamen. Cette petite île dans le port était naguère le quartier de résidence de la communauté étrangère. Des ferries font la liaison entre l'île et la terre ferme. Les véhicules motorisés sont interdits sur Gulangyu, entièrement piétonnière. Même les bicyclettes n'ont pas droit de cité. L'île est vallonnée, avec des rues pavées sinueuses qui forment un dédale compact, mais la côte demeure toujours en vue. Les ruelles regorgent de villas et de somptueux bâtiments européens. Dès 1842, les marchands européens autorisés sur les lieux après les guerres de l'Opium, construisirent Gulangyu, une ville virtuellement européenne avec ses propres écoles, églises et hôpitaux. L'ambassade britannique se dresse toujours sur une colline au-dessus du quai de débarquement du ferry ; un peu plus loin, se trouve l'église catholique, achevée en 1882 et encore utilisée à ce jour. L'église protestante Sanyi, érigée par les Britanniques en 1904, est toujours en service. Aujourd'hui, les villas coloniales sont habitées par les Chinois du pays. Les beaux jardins luxuriants donnent à Gulangyu une atmosphère tropicale décontractée, qui rappelle celle de Macao ou de Malacca.

Une statue du saint patron de Xiamen, Koxinga (Zheng Chenggong), se dresse à l'extrémité de l'île. Ce guerrier dont la cape flotte au vent expulsa les Néerlandais de Taiwan au XVIIᵉ siècle. Près de la représentation héroïque de Koxinga, s'alignent les villas converties en pensions de famille et les plages de sable où les habitants viennent se détendre, voire se baigner. Au-dessus des plages, se trouve le jardin le plus connu de l'île : **Shuzhuang** (ouvert tlj 7h-20h) aménagé en 1913 par un riche marchand de Taiwan et admiré pour son étang et son agencement de roches : « *un jardin dans la mer, une mer dans le jardin* ».

C'est depuis l'imposant **rocher du Soleil** (Riguangyan, ouvert tlj 8h30-17h), dans le parc de Yanping, qu'on a la meilleure vue. Le point culminant de Gulangyu vaut bien l'ascension. Le regard porte au-delà du port jusqu'au centre-ville de Xiamen. Et bien sûr vous aurez Gulangyu à vos pieds, un jardin maritime débordant de fleurs, de villas aux tuiles rouges et de minuscules bars à fruits de mer, le radieux lieu de résidence de 12 000 personnes seulement – Xiamen compte plus de 600 000 habitants.

Le musée de Xiamen (Xiamen Bowuguan) occupe le bâtiment le plus étonnant de Gulangyu. Coiffé d'un dôme rouge, il contient quelques objets surprenants répartis sur quatre étages, dont des presses typographiques, de la porcelaine de la dynastie Tang, des fusils en bois, un assortiment de cadeaux offerts par des villes jumelées du monde entier et des photographies de l'éblouissante architecture coloniale de l'île.

XI'AN

Lorsque la Beijing antique n'était encore qu'un lointain comptoir commercial, **Xi'an** était la capitale de l'Empire du Milieu et la plus grande ville du monde. Des palais, des pavillons et des pagodes dominaient le paysage urbain. Les artistes et les poètes (et bien sûr, des cuisiniers) se chargeaient de satisfaire les désirs impériaux les plus excentriques. Comme la ville marquait le début de la Route de la Soie, les étrangers les plus téméraires avaient pour habitude de s'y rassembler.

Après avoir influencé le cours de l'histoire pendant plusieurs milliers d'années, la ville actuelle compte plus d'habitants que jamais (5 millions). Xi'an est fière de ses nouvelles avenues ombragées, de ses industries de pointe (aéronautique et textile essentiellement) et de ses ambitieux programmes d'urbanisme. Le passé reste cependant omniprésent dans ce berceau de la civilisation chinoise. Xi'an et les campagnes alentour ont conservé

Certaines rues de Xi'an n'ont pas changé depuis des siècles.

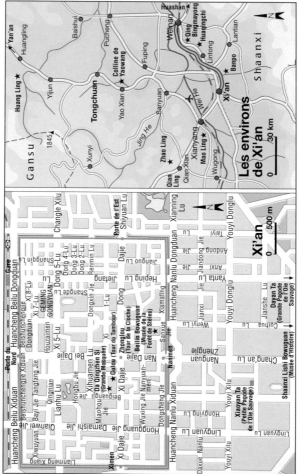

l'aura glorieuse de onze royaumes et empires successifs. Ce sont d'ailleurs les précieux vestiges des dynasties Qin, Han et Tang qui ont propulsé Xi'an parmi les toutes premières destinations touristiques mondiales.

En route vers les sites archéologiques de Xi'an, vous découvrirez les paysages balayés par le vent de la vallée du fleuve Wei. Stratégique sur les plans économique et militaire depuis la préhistoire, la région déroule ses champs fertiles plantés de coton et de blé, ses plaines en jachère et ses curieuses terrasses de lœss parsemées de grottes creusées par les hommes qui, encore aujourd'hui, s'en servent d'habitation.

Chef-lieu de la province du Shaanxi, Xi'an, même en pleine modernisation, peut se retourner sur son passé impérial avec un certain détachement. Pendant la première dynastie Zhou (qui se termina en 770 av. J.-C.), plusieurs villes dans le district de Xi'an servirent de capitale. Au IIIᵉ siècle av. J.-C., les Qin s'installèrent au nord-ouest de Xi'an, à Xianyang. Lorsque les Han prirent la relève, en 206 av. J.-C., ils choisirent Chang'an (« paix éternelle »), l'actuelle Xi'an, pour capitale. La splendeur impériale revint avec les Sui (581-618) qui établirent leur capitale Daxing (« grande prospérité ») à l'emplacement même de Xi'an. Leurs successeurs, les empereurs Tang, après avoir rebaptisé la ville Chang'an, l'agrandirent et l'embellirent de façon merveilleuse.

> **Des abris anti-aériens furent creusés à l'intérieur des énormes remparts de Xi'an pendant la Seconde Guerre mondiale pour protéger la population des bombardements de l'aviation japonaise.**

L'âge d'or de Chang'an prit fin il y a plus de mille ans, quand les Tang s'effondrèrent face aux rebellions et à l'anarchie. La ville sombra dans le provincialisme, malgré la nouvelle enceinte impressionnante et les bâtiments officiels qui y furent érigés au XIVᵉ siècle. Ces ajouts de la dynastie Ming, presque modernes dans une ville aussi ancienne que Xi'an, donnent la première image de la cité lorsque vous arrivez sur place.

Xi'an intra-muros

La muraille rectangulaire de la dynastie Ming s'étire sur 14,5 km. Elle est si épaisse que deux chars pouvaient circuler de front ou se croiser sur le chemin de ronde. D'importants travaux de restauration ont rendu leur lustre d'antan aux remparts, aux tours de guet et aux douves de la ville. Des jardins et des parcs complètent ces fortifications massives, les dernières de ce genre encore intactes en Chine.

Le centre de la ville fortifiée recèle maints monuments datant de la dynastie Ming. La **tour de la Cloche** (Zhonglou, ouverte tlj 8h-19h) fait partie de bâtiments ingénieusement construits sans utiliser de clous. D'élégantes toitures de trois étages au-dessus d'un solide piédestal de brique au centre de la ville, forment un des emblèmes de Xi'an. La tour du Tambour (Gulou, ouverte tlj 8h-18h), un édifice similaire construit en face d'une nouvelle place publique et d'une galerie marchande, date de 1370. Elle est également ouverte aux touristes. Des cérémonies

Les épais remparts protégeaient jadis la plus grande ville du monde.

quotidiennes où des « guerriers » sonnent la cloche et frappent le tambour pour recréer la musique appréciée sous la dynastie Tang attirent un nombre croissant de touristes. Vingt-et-un roulements de tambour marquent le lever du soleil, et la cloche retentit 21 fois au coucher du soleil. Elle marque l'entrée du quartier musulman hui, une communauté de 60 000 personnes.

Des lieux de culte variés

L'histoire de la **Grande Mosquée** (Da Qingzhen Si, ouverte tlj 8h-19h), située en haut d'une ruelle commerçante sinueuse, remonte à l'an 742. Ce complexe serein et spacieux se compose de jardins, de temples et de pavillons, la plupart de style chinois. Les galeries latérales contiennent des meubles et des paravents merveilleusement sculptés. Avec son triple toit, la tour d'Introspection (Shengxin) est un minaret d'où l'appel à la prière est lancé pour l'importante minorité musulmane de Xi'an, en partie composée de descendants des voyageurs de la Route de la Soie. La salle de prière accueille plus de mille fidèles.

Les temples de Xi'an, autrefois magnifiques, furent ravagés pendant la Révolution Culturelle mais, grâce à des travaux de restauration, le **temple du Lama** (Guagren Si), fondé en 1705, a pu être rouvert, de même que **Woolong Si**, un ancien temple bouddhique *chan*, **Dongyuemiao**, un temple taoïste dédié au dieu de la montagne Tai Shan, et le **temple des Huit Immortels** (Baxian Guan), actuellement le lieu de culte le plus fréquenté de la ville, qui comprend un marché en plein air.

Deux musées à voir

Xi'an possède deux musées intéressants. Le **musée de la Forêt de Stèles** (Beilin Bowuguan, ouvert tlj 8h30-17h30) occupe l'emplacement d'un temple du XIVe siècle dédié à Confucius. Il abrite une riche collection d'œuvres d'art et d'objets rares : figurines funéraires, peintures traditionnelles, anciens ustensiles ménagers et d'énormes bronzes superbement coulés il y a 3 000 ans. Mais sans doute la célèbre Forêt de stèles (Bei Lin) constitue-t-elle le clou du musée. Cette bibliothèque de tables de

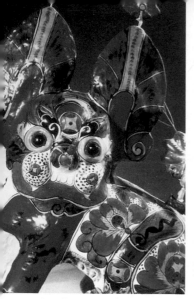

Le « tigre d'argile » de l'artisanat traditionnel du Shaanxi.

pierre gravées, comprenant notamment une édition complète des classiques confucéens taillée en 837, documente l'histoire de la culture et de la calligraphie chinoises. La Stèle nestorienne relate une toute autre histoire, celle du christianisme en Chine de 635 à 781. Nulle part ailleurs l'art de la calligraphie n'est exalté autant que dans ce musée. Récemment restaurée, la rue qui mène à l'ancien musée, le long de la muraille sud de la ville, Shuyuanmen, présente une belle gamme de boutiques d'art traditionnel et de calligraphie.

Au sud de la muraille, le **musée provincial d'Histoire du Shaanxi** (Shaanxi Lishi Bowuguan, ouvert tlj 8h30-17h), abrite une collection vraiment moderne de trésors préhistoriques et impériaux comparable à celles de Beijing et de Shanghai, et bien supérieure en ce qui concerne les dynasties Han, Qin et Tang.

Les pagodes de l'Oie Sauvage

Lorsque la **pagode de la Grande Oie Sauvage** (Dayan Ta, ouverte tlj 8h-16h) fut construite en 652 sous la dynastie Tang, elle se trouvait en plein milieu de la ville fortifiée. Mais Xi'an a depuis rétréci, et la pagode en brique de sept étages s'élève maintenant parmi les champs cultivés au sud de la zone urbaine. L'herbe pousse sur ses toits. La pagode fut érigée pour abriter de précieux textes bouddhiques rapportés d'Inde par le pèlerin le plus connu de Xi'an, un érudit intrépide nommé Xuanzang.

Ayant survécu à des années de tempêtes de sable et de neige et terrassé des démons et des dragons, Xuanzang fut triomphalement accueilli à son retour en 645. Il passa les deux décennies suivantes à traduire ses livres saints du sanskrit au chinois.

Bien qu'elle soit moins haute, plus étroite et un peu plus récente que la pagode de la Grande Oie Sauvage, celle de la **Petite Oie Sauvage** (Xiaoyan Ta, ouverte tlj 8h-18h)), bâtie en 707, compte plus d'étages. Des quinze niveaux qu'elle avait lors de sa construction, seuls treize sont encore visibles à ce jour, la partie supérieure s'étant écroulée lors d'un tremblement de terre à l'époque des Ming. Du sommet de ces deux tours ravissantes de la dynastie Tang, les plus belles de ce type en Chine, vous aurez une superbe vue sur la ville fortifiée et au-delà.

Excursions à partir de Xi'an

Les trésors archéologiques les plus anciens de la région sont abrités dans des musées à l'endroit même où ils furent découverts, comme à **Banpo** (ouvert tlj 8h-18h30), un site datant du néolithique à 10 km à l'est de Xi'an. Il y a 6 000 ans, un village de toute évidence prospère occupait ces terres arables, mais les traces d'occupation humaines ne furent découvertes que dans les années 1950, quand des ouvriers creusèrent les fondations d'une nouvelle usine.

Vous devrez gravir un escalier pour atteindre le chantier de fouilles couvert. Depuis les passerelles, vous aurez une vue d'ensemble sur les restes des maisons, les fours, les réserves et les tombes. Le site tel qu'il était au néolithique s'avère difficile à imaginer, mais les contours des habitations restent bien définis. Vous pourrez suivre l'évolution des techniques de construction en Chine, depuis les huttes rondes aux maisons rectangulaires aux toits penchés, prédécesseurs des logements chinois typiques d'aujourd'hui. Sont également exposés dans le musée de Banpo quelques-uns des objets découverts au cours des fouilles : haches, hameçons et pots, ainsi que des céramiques décorées, des armes, des urnes funéraires dédiées à des enfants et, plus surprenant, les squelettes des anciens villageois.

Une armée de terre cuite

Le trésor archéologique le plus visité de Chine, les soldats de terre cuite de la dynastie Qin, se trouvent, en formation de bataille, dans un complexe baptisé le **musée des Guerriers et des Chevaux de Terre Cuite** (Qinshihuang Gingmayong Bowuguan, ouvert tlj 8h-17h30), à une trentaine de kilomètres à l'est de Xi'an. Les soldats d'infanterie, grandeur nature voire plus, les archers, les officiers et leurs chevaux gardent symboliquement le tombeau du Premier empereur Qin.

Bien avant sa mort en 210 av. J.-C., Qinshi Huangdi enrôla de force des centaines de milliers de ses sujets pour construire un tombeau d'une grandeur impériale. La tombe elle-même, enfouie sous une colline artificielle à proximité, a été récemment aménagée pour les visites, ce qui a rendu le site quelque peu décevant. Mais cette idée inouïe de la faire garder par des milliers de soldats d'argile fut révélée par hasard en 1974, lorsque des paysans du coin, en creusant un puits, créèrent une sensation d'ampleur mondiale.

Une structure voûtée qui ressemble à un hangar à avions a été construite pour protéger des intempéries les soldats et chevaux de la première fosse. Des passerelles permettent aux touristes d'avoir une vue d'ensemble sur le site et de découvrir une armée complète, déployée, de 6 000 hommes occupant leur position d'origine. Chaque guerrier est unique, avec sa propre coiffure, sa

Les soldats de terre cuite de Xi'an gardent la tombe de l'empereur.

moustache ou sa barbe, et une expression particulière. Les chevaux, impatients et gracieux, possèdent eux aussi des traits distinctifs. Lorsque les soldats de terre cuite furent exhumés, ils avaient les joues roses et portaient des uniformes de couleur. L'exposition à l'air a depuis fait noircir les statues. Le petit musée dans la cour d'entrée de la première fosse contient des guerriers, leurs montures et un des deux chars en bronze massif, un peu plus petits que nature, trouvés près du tumulus funéraire du Premier empereur.

Dans la deuxième fosse, ouverte en 1994, les fouilles se poursuivent. Elle contient la cavalerie impériale : 900 soldats, 116 chevaux sellés et 356 chevaux attelés à 89 chars. La troisième

fosse, jusqu'à présent la plus petite ouverte au public, abrite un poste de commande comptant 68 officiers en tenue de combat. Les autres fosses attendent leur inauguration officielle. Une des plus récentes, à 1 km de celles ouvertes au public, contient une armure en pierre, la plus ancienne jamais trouvée en Chine.

Les sources chaudes de Huaqing

L'histoire et la beauté de la nature se mêlent aisément aux **sources chaudes de Huaqing** (Huaqing Chi, ouvertes tlj 8h-19h), une excursion secondaire appréciée des touristes venus visiter les chantiers de fouilles de l'armée de terre cuite. Les eaux chaudes de la station thermale, riches en minéraux, et le cadre, sur la **montagne du Cheval Noir** (Li Shan) attirent une multitude de curistes royaux depuis le VIIIe siècle. Et comme les empereurs et leur entourage avaient besoin de logements appropriés, les lieux furent agrémentés de merveilleux pavillons, de piscines et de jardins.

Une attraction particulière attire une foule de touristes chinois : le grand bain ovale dont le fond est tapissé de mosaïque, jadis utilisé par la belle Yang Guifei, la concubine favorite de l'empereur Tang Xuanzong (712-756). La beauté de Yang Guifei était notoire, et le portrait accroché dans son ancien cabinet de toilette le confirme. Il paraît que les femmes qui se lavent le visage avec les eaux de ce bain paraîtront dix ans

> **C'est à Xi'an que Chiang Kai-shek fut dénoncé aux communistes. Mais il réussit à leur échapper en s'enfuyant dans les montagnes de Huaqing.**

plus jeunes. Dans un pays déjà en proie à des difficultés, l'amour que l'empereur portait à Yang Guifei le distrayait de son travail, si bien que les courtisans commencèrent à blâmer sa concubine. Lorsque les troupes mutinées demandèrent sa tête, l'empereur, intimidé, accéda à leur demande pour sauver son trône. Mais Yang Guifei préféra se donner la mort plutôt que de voir son nom et celui de l'empereur traînés dans la boue. Cette tragique histoire est le sujet de plusieurs poèmes classiques.

Les dames de la cour impériale s'occupent de la princesse Yong Tai.

Les tombeaux de Qianling

Xi'an est entourée par des centaines de tumulus de terre : ce sont les tombeaux des empereurs et de leurs cours, la plupart étant encore fermée. Les tombeaux des notables de la dynastie Tang, creusés à flanc de montagne (Liang Shan) à environ 80 km au nord-ouest de Xi'an, fournissent un aperçu fascinant de ce que renferme le sous-sol des alentours de l'ancienne capitale, ainsi que du niveau artistique et culturel atteints en Chine aux VIIᵉ, VIIIᵉ et IXᵉ siècles.

Plusieurs de ces tombeaux contiennent des fresques exquises. Le célèbre ensemble du **tombeau du prince Zhanghuai** dépeint un match de polo animé, une expédition de chasse, une réception de diplomates étrangers et, plus émouvant, une scène où une jeune concubine, dans un cloître de la cour, regarde avec nostalgie un oiseau en vol. Une sépulture à l'entrée pentue, le **tombeau de la princesse Yong Tai** (ouvert tlj 8h-18h), renferme une fresque murale pleine de détails étonnants dépeignant les dames de la cour s'occupant de la princesse (qui devait décéder à l'âge de 17 ans). Ces tombeaux abritent également des figurines de céramique aux couleurs vives, de belles sculptures en pierre et de grandes tablettes commémoratives.

Le tombeau principal appartient au troisième empereur Tang, Gaozong, et à son ambitieuse veuve, Wu Zetian, qui se fit promouvoir au rang d'impératrice en 691 ; elle fut la seule femme à détenir un tel pouvoir dans l'histoire de la Chine. De gigantesques sculptures en pierre d'animaux, d'oiseaux et de généraux jalonnent la **voie des Esprits**, qui aboutit à ce tombeau qui reste fermé. Le faste de l'extérieur laisse imaginer ce que l'intérieur recèle. Il y a aussi 61 statues de pierre décapitées représentant sans doute des ambassadeurs étrangers et d'autres dignitaires de l'empire.

Les secrets encore enfouis de Xi'an surpasseront sans doute les grands trésors déjà découverts, que ce soit le village du néolithique ou la vaste Cité des Morts du Premier empereur, ou encore les soieries et les céramiques des Tang ou les pans de mur et les pagodes des Ming.

AUTRES ITINÉRAIRES

Les villes et sites suivants peuvent apparaître sur les itinéraires des voyages organisés ou servir d'étape entre deux visites.

Anyang
Capitale de la dynastie Shang il y a 3 000 ans, Anyang, dans la province du Henan, fascine les archéologues depuis un demi-siècle. Les fouilles de l'ancienne ville de Yin ont révélé des bronzes, des poteries et des « os d'oracle » gravés d'anciens caractères chinois. Des spécimens sont exposés dans un musée près du chantier. Anyang possède aussi une pagode de mille ans.

Baotou
Fondée au Ve siècle, cette *« cité de fer sur la prairie »* est devenue le plus grand centre industriel de Mongolie intérieure grâce à ses gisements de fer et de charbon. Il y a deux pagodes de style tibétain à visiter, et le **mausolée de Genghis Khan** (ouvert tlj 9h-17h) est à trois heures en bus.

A Baotou, les monuments historiques restent rares.

Beidaihe

Située dans la province du Hebei, cette station balnéaire sur le golfe de Bohai a été aménagée dans les années 1890 par des étrangers. Elle reste appréciée des diplomates étrangers, des hommes d'affaires de Beijing et des responsables du gouvernement chinois. Les parcs, les plages et la bonne cuisine consituent les attraits majeurs de la station.

Conghua

Les seigneurs de guerre de la région et les responsables du Guomindang comptaient parmi les premiers usagers de cette station thermale entourée de collines couvertes de bambous, de pruniers, de magnolias et de cyprès. Situées à 80 km de Guangzhou (Canton), les sources chaudes de Conghua, dans la province du Guangdong, sont populaires auprès des Chinois et des touristes étrangers. L'eau minérale qui jaillit de douze sources différentes n'a ni couleur, ni odeur ni goût mais elle est très bonne à la santé. Elle permet de soulager plusieurs maladies, dont les rhumatismes et l'hypertension. Comme Conghua est entourée de montagnes, certaines culminant à plus de 1 000 m d'altitude, l'air y reste frais même pendant les mois de la mousson.

Aux mois de mai et juin, pendant la saison des lychees, le marché de Conghua regorge de vendeurs venu écouler leur récolte de ce fruit sucré à la chair blanche. La ville est également réputée pour son miel au goût de fruit.

Dalian

Dans la province du Liaoning en Mandchourie, ce port épargné par le gel est une station balnéaire et une ville industrielle de 1 million d'habitants, aussi connue sous le nom de Luda. A cause de l'occupation étrangère historique, la ville présente un mélange éclectique de styles architecturaux : chinois assaisonné d'une pincée de japonais, d'un soupçon de russe et d'une bonne dose de réalisme socialiste soviétique.

Construite dans une baie, Dalian possède un port à l'activité intense, ainsi que de larges avenues et des espaces verts plantés d'arbres. De l'autre côté de la péninsule, en face du port, s'étendent des parcs verts, de jolies criques et des plages de sable. Profitez-en pour aller manger dans un des restaurants de poisson.

Fuzhou

A mi-chemin entre Shanghai et Guangzhou dans la province du Fujian, le long de la côte, Fuzhou est le port d'attache sentimental où sont inhumés les ancêtres de millions de Chinois expatriés. En vertu du traité signé après les guerres de l'Opium, le port fut ouvert aux puissances étrangères au XIXe siècle. La ville reste réputée pour son artisanat traditionnel, notamment le travail du laque, qui peut compter jusqu'à 80 couches. Des temples millénaires se dressent dans les collines alentour.

> **La pagode Blanche (Bai Ta) domine le parc de la colline Yu (Yu Shan, ouvert tlj 8h-18h). C'est un des sites bouddhistes les plus connus de Fuzhou. Erigée il y a 1 700 ans, elle fut détruite par la foudre il y a 500 ans et reconstruite.**

La station balnéaire de Dalian attire une foule d'estivants.

Hainan (Qiongdao, Qiongzhou)

Au large de la pointe méridionnale de la Chine, cette île tropicale quatre fois plus grande que la Corse approvisionne le pays en café, en noix de coco, en sucre et en caoutchouc. Jadis surnommée la *« porte de l'enfer »* à cause des hauts fonctionnaires chinois qui s'y exilaient, Hainan est restée indépendante jusqu'en 1989. Son statut de zone économique spéciale a depuis permis de la transformer en une de ces îles paradisiaques dont rêvent les touristes occidentaux.

Les autochtones, membres des groupes minoritaires li et miao, vivent dans les forêts tropicales humides de l'intérieur, perpétuant de riches traditions folkloriques. Au centre de l'île, au nord de la ville de Tongzha dans la montagne Yazu, se trouve un musée ethnographique retraçant l'histoire des Li et des Miao depuis le néolithique. Les Chinois Han constituent la majorité de la population côtière. La plus grande ville de l'île, Haikou, sur la rive nord, possède des rues animées. Les belles plages ombragées de palmiers se trouvent sur la rive sud ; elles sont assez étendues pour accueillir 100 000 vacanciers.

Jingdezhen

Cette ville de la province du Jiangxi produit une poterie réputée depuis la dynastie Han. L'argile blanche extraite d'une montagne proche a permis la fabrication d'une porcelaine très fine et transparente, mais solide. La montagne, Gaoling, donna son nom au kaolin, l'argile utilisée pour faire de la porcelaine. Les touristes peuvent visiter un ancien four ainsi que des usines modernes de céramiques où les modèles classiques sont reproduits.

Lhassa

Seuls les touristes en bonne condition physique devraient s'aventurer jusqu'à la capitale de la région autonome du Tibet (Xizang) car, à 3 600 m d'altitude, le corps s'essouffle vite. De l'oxygène est fourni dans les pensions et dans les cars d'excursion. Une chose est sûre, pour les voyageurs déterminés, les hébergements sont rares et chers. A part les paysages majestueux de l'Himalaya, l'attrait majeur de Lhassa est le **Potala**

Le Potala, perché à 3 600 m d'altitude, est visible de loin.

(Budala Gong), un bâtiment fabuleux de 13 étages et mille pièces, qui combine les fonctions de palais, de forteresse, de monastère et de donjon. Achevé en 1645, le palais Rouge abrite notamment les salles de cérémonie, 35 chapelles et huit chambres funéraires pour les dalaï-lama décédés, et la résidence privée du dalaï-lama. Construit au VIIe siècle, le temple de Jokhang, le plus sacré, se trouve néanmoins en centre-ville.

Nanchang

Fondée sous la dynastie Han, Nanchang est le chef-lieu du Jiangxi et le principal centre industriel de cette province sub-tropicale. En 1927, elle fut le théâtre du premier soulèvement armé communiste contre les forces nationalistes. Des souvenirs de Zhou Enlai et d'autres leaders du mouvement sont conservés au musée de l'Insurrection du 1er Août.

Ningbo

Située au sud de Shanghai sur la même côte, cette ville portuaire a une longue histoire de relations avec l'étranger. Elle développa d'abord des liens commerciaux avec le Japon, puis les Portugais arrivèrent et s'y installèrent. Finalement, un consulat britannique fut établi dans la ville après les guerres de l'Opium. Parmi les sites touristiques, figurent un temple en bois de mille ans et une bibliothèque de la dynastie Ming dans un joli jardin.

Qufu

Le lieu de naissance de Confucius, dans la province du Shandong, a été aménagé en un ensemble architectural à l'échelle de la Cité Interdite de Beijing. Le **temple commémoratif** (ouvert tlj 8h-17h) fut commencé en 478 av. J.-C., l'année qui suivit la mort du philosophe. Les travaux d'amélioration et d'extension s'étalèrent sur plus de 2 000 ans. Le complexe compte des portes de cérémonies, des palais, des pavillons et des sanctuaires. Confucius et la majorité de ses descendants sont enterrés dans la **forêt de Confucius** (ouverte tlj 7h30-18h30), parmi les vieux pins et les cyprès au nord de la ville.

Shanhaiguan

La situation stratégique de cette ville fortifiée du Hebei en a fait le site de maintes batailles importantes pendant des milliers d'années. Elle marque l'extrémité orientale de la Grande Muraille. Cinq énormes caractères chinois signifiant « le premier col sous le ciel » sont gravés sur la tour de la porte à deux étages qui constitue le début de la Muraille. Au sud de Shanhaiguan, se trouve le port de Qinhuangdao, sur le golfe de Bohai.

Shenyang

En 1625, Shenyang, mieux connue à l'étranger sous le nom de Mukden, devint la capitale mandchoue. Le **Palais impérial** (Gugong, ouvert tlj 8h30-17h mai-oct et 9h-17h nov-avr) que la dynastie Qing y construisit devait rivaliser avec la Cité Interdite de Beijing. Lorsque les Qing déplacèrent la capitale à Beijing, le palais de Shenyang continua d'être entretenu. Il abrite désormais un musée historique et archéologique. Les principaux bâtiments, qui présentent un amalgame d'architectures, sont le Chongzheng, le palais Qingning, le Dazheng et le pavillon Wensu.

Deux des trois tombeaux Qing situés dans la province du Liaoning se trouvent à Shengyang. Le tombeau impérial du Nord (Bei Ling, ouvert tlj 8h-18h) fut construit en 1643 pour l'empereur Abahai (Hing Taji en chinois), et celui de l'Est (Dong Ling, ouvert tlj 8h-17h) abrite les restes de Nurhachi, le fondateur de la dynastie Qing.

Shenyang possède aussi un temple lamaïste du XVIIe siècle, Shishen Si, situé à l'ouest de la ville. Dans les années 1930, l'Incident de Mukden – une bombe explosa sur la voie ferrée – précipita l'occupation japonaise de la Mandchourie.

Shenzhen

Les voyageurs d'antan se souviennent de Shenzhen, dans le Guangdong, comme d'une simple ville frontalière insignifiante sur la ligne de chemin de fer Hong Kong-Canton. Depuis 1980, elle est au centre d'une zone économique spéciale accueillant des entreprises financées par des investisseurs de Hong Kong et de Macao ; son taux de croissance économique atteint les 20%. En trois décennies, ce village de pêche de 10 000 habitants dans les années 1970 est devenu une métropole de deux millions et demi. Grâce aux plages et aux sources chaudes, son potentiel touristique se développe rapidement. Des excursions d'une journée à partir de Hong Kong utilisent Shenzhen pour donner aux visiteurs un aperçu de la vie en Chine, mais son statut de zone économique tampon la rend atypique.

Un des hauts-lieux touristiques de Shenzhen se trouve en dehors de la ville. **Splendid China** (ouvert tlj 8h45-22h) est un parc de 30 hec-

L'apparence de Shenzhen trahit son actuelle prospérité.

tares présentant les reproductions en miniature de 74 des sites les plus visités de Chine, de la Grande Muraille à la Cité Interdite, en passant par les formations rocheuses de Guilin et le Potala de Lhassa. A côté, les **China Folk Culture Villages** (ouverts tlj 8h45-22h) présentent les différents modes de vie de 24 groupes ethniques du pays.

Shijiazhuang

Ce nœud ferroviaire du Hebei est devenu un chef-lieu de province de 600 000 habitants. Les touristes étrangers peuvent visiter un hôpital local dédié au docteur Norman Bethune, un chirurgien canadien qui travailla en Chine pendant la Guerre sino-japonaise ; les Chinois le considèrent comme un héros national. Sa tombe se trouve au musée des Martyrs de la Révolution.

Tianjin a restauré deux de ses quartiers commerçants.

Taiyuan

Riche d'une histoire de plus de 2 000 ans, la capitale de la province du Shaanxi produit maintenant du fer, de l'acier, des équipements lourds et des fertilisateurs. Le **musée provincial du Shaanxi** (ouvert tlj 8h-17h) expose des objets datant de la Révolution et des céramiques, des sculptures, des peintures et des bronzes anciens. A 25 km au sud-ouest de la ville, au pied de la montagne Xuanweng, le temple de Jinci (ouvert tlj 8h-17h) aurait plus de mille ans. Il compte une centaine de pavillons, de salles, de terrasses et de ponts. Le plus impressionnant est l'ancien temple en bois de la Sainte Mère (Shengmu Dian), dont les statues grandeur nature affichent des traits humains, plutôt que l'expression bouddhique habituelle.

Tianjin

Le plus grand port de la Chine du nord, à 120 km seulement de Beijing, Tianjin est un premiers centres industriels et logistiques de Chine. Il existe peu de sites d'intérêt historique dans cette métropole de plus de 9 millions d'habitants, mais près d'un millier de bâtiments de style européen ont survécu au tremblement de terre de 1976. Plusieurs d'entre eux se trouvent au bord de la rivière (Taierzhang Lu).

Huit grandes usines fabriquent les fameux tapis de Tianjin, dont la plupart sont encore tissés à la main, du moins partiellement. Les touristes peuvent visiter une usine pour assister au processus de fabrication et acheter des articles. Tianjin a restauré deux quartiers du centre-ville : la rue de la Culture (Guwenhua Jie) bordée de boutiques traditionnelles d'artisanat et d'antiquités, et la rue de l'Alimentation (Shipin Jie) avec des

centaines de magasins qui vendent de tout, des frites à la spécialité locale, le *baozi*, un pain fourré à la viande et aux légumes.

Weifang

Le festival international de cerfs-volants de Weifang, organisé
chaque année les 20 et 21 avril, attire plus de 300 000 visiteurs.
Weifang, dans le Shandong, possède un musée de cerfs-volants
et le village voisin de Yangjiabu propose des démonstrations de
fabrication de cerfs-volants dans ses ateliers de vente directe.

Xishuangbanna

Le tourisme est un phénomène nouveau dans cette préfecture
autonome (Jinghong en est le
chef-lieu) du Yunnan, limitrophe de la Birmanie et du
Laos. Selon la légende, **Xishuangbanna** aurait été découvert par des chasseurs
poursuivant un daim doré. Sa
population se compose essentiellement de Daï, une ethnie
proche des Thaï. Les villages
daï sur pilotis se visitent. Xishuangbanna est réputé pour
sa végétation luxuriante. Dans
un climat sub-tropical humide,
des milliers d'essences d'arbres et de plantes s'épanouissent, tout comme des ani-
maux, des oiseaux et des in-
sectes rares. Les superbes Jardins botaniques en présentent
un large éventail. Des éléphants sauvages et une variété
de singes primitifs comptent
parmi les espèces protégées.

**Xishuangbanna est réputé
pour sa végétation luxuriante.**

Yan'an

Cette petite ville du Shaanxi, située dans les collines de lœss au nord de Xi'an, est un des hauts-lieux de l'histoire contemporaine chinoise. Les 10 000 km de la Longue Marche prirent fin dans les environs de Yan'an. Des vestiges de la Révolution, notamment les grottes dans lesquelles Mao Zedong vécut, constituent les attraits de cette ville.

Yantai

Des bateaux de pêche animent le port de Yantai (autrefois connu sous le nom de Chefoo), dans le Shandong, et sa plage de sable est appréciée des touristes chinois. Le musée de Yantai (ouvert tlj 8h-17h) expose des trouvailles archéologiques et des œuvres d'art classique. Sur une île du large, l'empereur Qinshi Huangdi établit un élevage de chevaux en 219 av. J.-C. Les courses hippiques du weekend continuent d'attirer les amateurs.

Yixing

Premier producteur de bambous et de thé du Jiangsu, Yixing est mieux connue pour sa poterie. Ses théières « sable pourpre », ornées de motifs originaux, sont fort prisées. Les collines vertes de la région recèlent des grottes grandioses, comme celle de Shanjuan (ouverte tlj 7h30-16h30), visible depuis les bateaux d'excursion qui naviguent sur ses rivières souterraines.

> Un nouveau barrage, le plus grand de Chine après celui des Trois-Gorges, est en cours de construction sur le Huang He. Conçu pour contrôler 93% du drainage du fleuve, il possèderait le meilleur système au monde de régulation des alluvions.

Yueyang

Des toits recourbés flamboyants coiffent la tour Yueyang (ouverte tlj 6h-19h), un monument Tang qui fut reconstruit dans le style Song. Cette tour à trois étages surplombe le lac Dongting, un des plus grands de Chine. En été, des fleurs de lotus s'étalent à la surface de l'eau. Junshan, une île vallonnée souvent chantée dans les légendes, produit le rare thé parfumé « aiguille d'argent ».

Zhengzhou

Le chef-lieu de la province du Henan était habité il y a plus de 3 000 ans. D'ailleurs, les restes de l'enceinte Shang sont encore visibles au-delà des limites de la ville actuelle. Les vestiges les mieux conservés, notamment des formes d'écriture parmi les plus anciennes au monde sur des carapaces de tortue et des os, sont maintenant exposés au **musée provincial du Henan** (Henan Sheng Bowuguan, ouvert tlj 8h30-18h).

Un monument de Zhengzhou à la gloire communiste.

Malgré sa longue histoire, Zhengzhou n'a prit de l'importance qu'à la fin du XIXe siècle, avec la construction des lignes de chemin de fer. Aujourd'hui, elle est un nœud ferroviaire important sur les lignes Shanghai-Xi'an et Beijing-Guangzhou. A cause de son importance stratégique, elle fut attaquée plusieurs fois par les Japonais pendant la Seconde Guerre mondiale. Quand les troupes nationalistes du Guomindang firent exploser les digues du Huang He pour défendre la ville contre les incursions nippones, des centaines de milliers de personnes périrent dans les inondations autour de Zhengzhou. Les digues ne furent réparées qu'en 1947, grâce à l'aide des Américains. La ville fut à nouveau durement touchée par les combats meurtriers de la guerre civile (1948-49). Dans les années 1950, Zhengzhou et sa région furent finalement transformées en une grande zone industrielle.

CULTURE ET LOISIRS

La plupart des touristes vont en Chine pour admirer ses innombrables sites historiques et culturels, notamment les trésors impériaux. Ce vaste pays regorge de choses intéressantes à voir et à faire qui rendront tout voyage inoubliable. Vous souhaiterez sans doute rapporter quelques souvenirs, voire acheter des objets plus volumineux, et vous aurez maintes occasions d'assister à des spectacles vivants d'une incroyable variété. Ce ne sera pas difficile d'occuper vos moments de loisirs à différentes activités dont vous vous souviendrez longtemps.

SHOPPING

Après avoir vu des cars entiers de touristes étrangers se bousculer pour acheter des souvenirs à chaque arrêt, de la Cité Interdite jusqu'aux oasis du Xinjiang, les autorités chinoises ont ouvert des boutiques partout où se rendent les visiteurs. Les Friendship Stores (« magasins de l'amitié »), présents dans toutes les grandes destinations touristiques, vous faciliteront la vie. Ils s'adressent principalement aux étrangers. Le personnel polyglotte fait preuve d'une patience infinie pour répondre à toutes les demandes. Ces magasins changent sur place des devises étrangères, et acceptent quelques cartes de crédit.

Les prix sont indiqués sur les étiquettes. Pourtant, marchander n'a rien d'exceptionnel. Simplement, ne vous y prêtez pas dans les magasins d'Etat.

Les voyageurs les plus audacieux tomberont probablement sur les mêmes types d'articles dans des magasins de quartier. Là, l'ambiance sera moins détendue et les problèmes linguistiques presque insurmontables, mais au moins vous aurez un aperçu authentique de la société de consommation chinoise.

De magnifiques lanternes sont en vente sur les marchés chinois.

Dans plusieurs villes, les grands magasins d'art et d'artisanat mettent l'accent sur les créations des artisans locaux. Les magasins d'antiquités se spécialisent dans la poterie, la sculpture, la calligraphie et les bijoux anciens, ainsi que les reproductions. Comme le réseau de distribution est hasardeux, fiez-vous à ce vieux dicton chinois : si vous trouvez quelque chose qui vous plaît, achetez-le, car vous risquez de ne pas le trouver ailleurs.

Tout un choix d'objets

Les bonnes affaires sont rares, mais le choix est vaste dans les magasins, les boutiques et les marchés de Chine. Voici une liste alphabétique pour vous aider dans vos premiers achats.

Antiquités. Des fossiles aux pièces de monnaie anciennes, les douanes chinoises interdisent l'exportation de tout vestige culturel, à l'exception de ceux marqués d'un sceau de cire rouge ; seuls les objets relativement récents obtiennent ce sceau. Méfiez-vous toutefois des contrefaçons, car la fabrication d'antiquités et de sceaux de cire falsifiés constitue une activité florissante. Malgré tout, chiner reste un passe-temps fascinant, même si des acheteurs avisés vous auront précédé. Les autorités chinoises indexent les prix sur les niveaux internationaux.

> La calligraphie reste un art à part entière en Chine. Après avoir choisi son pinceau, son encre et son papier, le calligraphe donne à chaque caractère une émotion et une élégance uniques. Des rouleaux de soie calligraphiés sont en vente dans les musées et les magasins d'art.

Artisanat ethnique. Les artisans des multiples minorités ethniques de Chine produisent une bonne quantité d'objets exotiques : bibelots et figurines, couteaux et épées de cérémonie, calottes et autres coiffures, robes et chemises aux couleurs vives et manteaux de type afghan.

Bagages. Pour régler le problème posé par une quantité excessive d'achats à rapporter, faites l'acquisition de bagages supplémentaires pour transporter vos souvenirs. Les Chinois

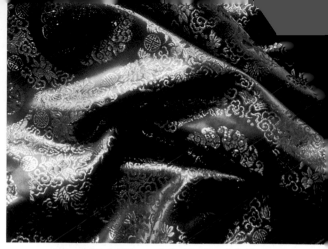

Les soieries de Chine sont réputées depuis le Moyen-Age.

fabriquent de bonnes valises, solides et bon marché, de toutes les tailles. Vous pourrez également dénicher l'imitation locale d'un attaché-case d'homme d'affaires occidental.

Baguettes. Quand la cuisine chinoise n'aura plus de secret pour vous, vous aurez peut-être envie de collectionner les ustensiles courants. Des baguettes au motif élaboré sont vendues dans leur propre coffret.

Bambou. Dans les régions du sud où le bambou est cultivé, de petites entreprises produisent des boîtes à thé, des éventails, des flûtes, des baguettes, des cannes et des meubles en bambou.

Brocarts et soie. Depuis la dynastie Han, la Chine exporte de délicats tissus en soie de couleur vive. Vous pouvez acheter de la soie brute au mètre, une solution bon marché, ou de superbes brocarts, des foulards, des cravates et des chemisiers. Essayez notamment les magasins d'usine ou de musée (Wuxi, Suzhou).

Bronze. Les versions modernes de fait-tout traditionnels peuvent s'avérer utiles à la maison, tout comme les pichets, assiettes et vases en bronze, souvent gravés de motifs floraux complexes ou de dragons.

Cerfs-volants. Dans les villes chinoises balayées par le vent, les cerfs-volants font le bonheur des enfants et des plus grands. Les motifs sont de couleurs vives, originaux et complexes. A Weifang, ville du festival international de cerfs-volants, les ateliers de fabrication pratiquent la vente directe.

Cloisonné. Les Chinois prétendent ne pas avoir inventé ce type d'émail, mais ils le fabriquent habilement depuis de nombreuses années : vases, assiettes, etc.

Eventails. Une usine de Hangzhou produit à elle seule quelque 10 millions d'éventails par an, la plupart destinés à l'exportation. Il y a plusieurs centaines de modèles, mais les éventails pliables les plus connus sont fabriqués à partir de bois de santal odorant ou de papier noir.

Figurines. Les figurines polychromes en céramique représentant des personnages historiques, mythologiques ou légendaires s'avèrent très populaires, de même que les petits animaux, notamment le panda.

Les éventails sont disponibles en plusieurs centaines de modèles.

Fourrures. Des manteaux luisants en peau de zibeline ou de martre apparaissent souvent dans les rayons des Friendship Stores. La coupe ne sera peut-être pas toujours à la dernière mode, mais le prix vous convaincra sans doute.

Ginseng. L'herbe médicinale chinoise par excellence se répand rapidement en Occident où elle est appréciée pour ses propriétés revitalisantes. Il paraît qu'un peu de ginseng dans le thé, le vin ou la soupe est le secret d'une vitalité durable.

Herbes et épices. Chaque marché possède des étals d'épices parfumées. Cherchez surtout les variétés spécifiques à la région où vous vous trouvez : à Chongqing, par exemple, pensez à acheter des poivrons secs du Sichuan. Quelques fen suffiront pour acquérir un assortiment exotique, rassemblant des herbes ou des épices inconnues ou indisponibles dans votre pays.

Comme le jade est presque aussi dur que le diamant, le sculpter relève de l'exploit. Pourtant, depuis les costumes funéraires de la dynastie Han jusqu'aux vases des Qing, les Chinois sont passés maîtres dans cet art. Symbole de noblesse, le jade aurait des vertus purificatrices. Souvent vert, il peut aussi être jaune vif, rouge ou crème.

Instruments de musique. Les instruments de musique européens et chinois, tels que le violon, la guitare, la flûte et le *pipa* (cordes à pincer), d'une belle facture, sont généralement vendus à des prix raisonnables.

Ivoire. Les sculptures sur ivoire d'une complexité remarquable sont une spécialité chinoise. Mais seul un expert peut distinguer une véritable défense d'éléphant du matériau de substitution. Obtenir de l'ivoire véritable implique bien sûr le massacre des éléphants. Son importation est interdite en Occident, et tout objet sera confisqué par les douanes à votre arrivée.

Jade. Le jade intrigue les Chinois depuis au moins 3 000 ans. Même si vous ne croyez pas en ses pouvoirs mystiques, ses qualités esthétiques sauront vous séduire.

Jouets. Des jouets originaux et bon marché, des animaux en peluche aux jeux mécaniques, sont produits en Chine en quantités de plus en plus importantes.

Papier découpé. Les Chinois, qui ont inventé le papier, ont mis au point l'art décoratif du découpage il y a presque 2 000 ans. Avec une adresse incroyable, les découpeurs, armés de ciseaux, produisent des scènes complexes à encadrer.

Lainages. Bonne affaire inattendue, les pulls en cachemire de tous les styles et de toutes les couleurs sont vendus à des prix défiant toute concurrence. Les autres lainages sont également économiques et de bonne qualité.

Laque. De nombreuses couches de laque, chacune polie individuellement, sont appliquées sur des plateaux, des tasses, des vases et des boîtes. Le laque est également une finition idéale pour les services à thé et à café, puisque le matériau résiste à l'eau bouillante ainsi qu'aux tannins des boissons.

Meubles. Paravents, chaises et coffres en bois de buis, d'acajou ou de bambou, dont les dessins gravés rappellent l'ambiance de la Chine ancienne. Livraison à l'étranger possible.

Les paysages sont un des thèmes récurrents en peinture.

Peintures. Des floppées d'artistes copient à la main les dessins et les peintures traditionnels. Un long rouleau, réalisé en milliers de coups de pinceau précis, peut prendre jusqu'à dix jours de travail pour rendre le détail d'un paysage destiné à être regardé section par section, non pas en une seule fois. Les artistes peignent aussi des interprétations originales de thèmes sacrés. Avantage non négligeable, les rouleaux sont déjà roulés, prêts à être emballés.

Porcelaine. Vous trouverez au choix des reproductions de motifs classiques ou modernes sur des services à thé complets, des tasses, des assiettes, des bols, des cuillères et des vases de conception ancienne ou contemporaine, selon votre goût. Les théières « sable pourpre » de Yixing sont particulièrement prisées. Les étiquettes de prix indiquent toujours la qualité de la porcelaine utilisée, ainsi que du cloisonné. Sur la ligne de texte en chinois qui précède le prix, repérez les symboles chinois des chiffres 1, 2 ou 3 (une, deux ou trois lignes horizontales), qui signifient première, seconde ou troisième classe. S'il n'y a aucune indication, alors vous avez affaire à une porcelaine de première classe.

Les marchés chinois regorgent de trésors peu chers.

Décalques et reproductions. Les décalques d'inscriptions gravées dans la pierre de temples anciens ou de calligraphie classique visible sur des colonnes de pierre, font des souvenirs appréciés et facilement transportables. Certains musées vendent des reproductions de leurs vestiges archéologiques les plus célèbres (par exemple, le cheval ailé de Lanzhou). Des copies de toutes tailles des guerriers de terre cuite de Xi'an sont désormais disponibles dans plusieurs endroits du pays.

Sceaux. Ces tampons d'encre constituent le traditionnel substitut chinois des signatures manuscrites. Vous pouvez vous en faire graver un spécial et personnalisé, avec votre nom incisé en anciens idéogrammes chinois dans de la stéatite, du plastique, du jade ou de l'ivoire.

Des masques multicolores à acheter en souvenir.

Souvenirs. N'importe quel grand magasin ou marché en plein air vous donnera une foule d'idées inspirées : des croquis et des mannequins d'acuponcture, des thermos comme ceux qu'on voit partout, des tasses à thé avec couvercle, des affiches, des vestes matelassées, des masques, etc.

Tapis. Luxueux et colorés, les tapis orientaux en laine ou en soie s'avèrent toujours tentants. Les grands magasins s'adressant aux touristes étrangers organisent la livraison dans votre pays d'origine.

Thé. Un assortiment de thés chinois (noir, vert, à demi-fermenté et aux pétales de fleurs) représente un souvenir peu cher, utile et qui durera longtemps. Le thé est souvent emballé dans des récipients spéciaux décorés avec goût.

SORTIES ET SPECTACLES

Après une journée exténuante de visites touristiques, vous serez sans doute content de découvrir que les spectacles commencent et se terminent tôt dans la soirée. La vie nocturne reste l'apanage de l'élite, loin de l'ambiance des boîtes de nuit d'Europe et d'Amérique du Nord. Les spectacles chinois combinent divertissement et éducation dans un faste éclatant.

L'opéra chinois

Les Chinois admettent poliment que les étrangers ne peuvent pas supporter plus de dix minutes d'un opéra traditionnel. Il se pourrait, en effet, que vous trouviez les voix perçantes et les manies exaspérantes – de nombreux personnages semblent passer la plupart de leur temps sur scène à tripoter leurs manches, qui se déroulent quelquefois jusqu'au sol. Ne vous offusquez donc pas si votre guide ou votre hôte vous fait sortir du théâtre pour vous plonger dans la circulation du début de soirée.

Mais si vous persévérez, vous commencerez à comprendre ce que les Chinois perçoivent dans cette forme d'art ancestral. Si vous n'y parvenez pas, appréciez au moins les costumes et les maquillages splendides, les acrobaties qui s'ajoutent à certaines versions régionales, et la sensation d'être dans un théâtre chinois entouré de Chinois. Les Occidentaux connaissent surtout l'opéra de Beijing, mais les autres régions ont développé leur propre style, notamment le Sichuan et Guangzhou (Canton).

Si possible, découvrez l'intrigue à l'avance. Si vous avez un interprète, vous comprendrez sans difficulté pourquoi certaines scènes déclenchent une réaction dans le public. A l'attention du public, les mots des chansons sont projetés sur des écrans près de la scène pour clarifier les nuances de cette langue tonale mise en musique. Pendant la Révolution Culturelle, les opéras idéologiquement corrects étaient les seuls autorisés, les histoires clas-

Les personnages de l'opéra de Beijing portent un costume distinctif.

siques étant alors interdites parce qu'elles étaient considérées comme anti-révolutionnaires. Mais aujourd'hui les deux types d'œuvres, classiques et modernes, sont mis en scène.

Le chant, le dialogue, le mime et les acrobaties sont les quatre composantes principales de l'opéra de Beijing. Les œuvres se partagent en deux grandes catégories : *wenxi* (pièces civiles) et *wuxi* (drames militaires), mais il y a aussi des comédies et des sketches. La plupart s'inspire de légendes populaires, de contes ou de la littérature classique, comme *Le Rêve de la Chambre Rouge*, *Les Trois Royaumes* ou encore *Voyage à l'Ouest*. Ces œuvres sont beaucoup plus connues en Chine que la plupart des classiques de la littérature en Occident.

Côté maquillage, les spécialistes sont capables de réaliser jusqu'à 300 « masques » différents. Le rouge désigne un personnage courageux et loyal ; le noir caractérise quelqu'un de fort et bon, mais quelque peu grossier ; le bleu symbolise le courage, la témérité et l'arrogance, tandis que le vert révèle un caractère instable. Seuls les dieux portent la couleur or.

A l'exception des morceaux écrits, la musique se limite souvent à des percussions, qui soulignent ou reflètent l'action et l'ambiance. Les accessoires sont minimaux et la mise en scène subtile : un acteur ferme une porte invisible d'un geste de mime

Le grand nom de l'opéra

Mei Lanfang (1894-1961) reste sans conteste le chanteur d'opéra le plus fameux de Chine. Célèbre dès l'âge de 20 ans, il tint plus de mille rôles de *dan* au cours de sa longue carrière – ce personnage féminin clé dans les opéras de Beijing est traditionnellement joué par un homme. Non seulement interprète mais aussi chorégraphe, il se fit l'ambassadeur à l'étranger de cet art chinois antique : il se produisit au Japon, en Russie et aux Etats-Unis, où il se rendit en tournée en 1929... et se lia d'amitié avec Charlie Chaplin. Berthold Brecht assista à la représentation que Mei donna à Moscou en 1935. Aujourd'hui, son fils Mui Bo-kau poursuit la tradition familiale à Hong Kong.

infime et celui qui se promène avec une cravache à la main est censé monter à cheval. Cependant, jamais vous ne confondrez les héros et les méchants qui montrent les dents.

Marionnettes, acrobates et groupes folkloriques

Apprécié des adultes et des enfants, le théâtre d'ombres chinoises, une forme d'art vieille de 2 000 ans, met en scène les légendes familières. Les marionnettes en deux dimensions, manipulées derrière un écran de soie, peuvent sauter et voler, donnant aux silhouettes colorées un avantage par rapport aux acteurs d'opéra. Les marionnettistes affairés prêtent leur voix à

Les acrobates font partie de la tradition chinoise du cirque.

leurs personnages, souvent en chantant. Souvent, les troupes professionnelles ou amateurs de théâtre d'ombres montent aussi des spectacles de marionnettes.

Les spectacles de cirque organisés pour les groupes de touristes sont plus amusants que prévu. Ils comprennent souvent une bonne part d'acrobaties, toujours impressionnantes. Les trapézistes, bien sûr, sont de premier ordre, de même que les contorsionnistes et les équilibristes des pyramides humaines. Mais vous verrez également du dressage d'animaux savants, des jongleurs, qui se servent indifféremment d'armes, de chaises, d'assiettes, de vases ou de bols, ainsi que des prestidigitateurs et même des numéros de clowns, où vous n'aurez pas besoin de comprendre ce qu'ils disent pour rire avec le reste du public. Les secrets et les « trucs » se transmettent au sein d'une même famille. En Chine, les acrobaties sont considérées comme une forme d'art depuis le VIIe siècle av. J.-C. Toutes les grandes villes ont leur propre compagnie de cirque, parfois connue dans le monde entier.

Les spectacles de « folklore chinois » sont spécifiquement organisés pour les touristes. Ils présentent les costumes, les chansons et les danses des minorités ethniques, souvent aussi inconnus du public chinois qu'ils le sont des touristes étrangers.

Concerts et ballet

Pendant la Révolution Culturelle, Beethoven et Tchaïkovsky étaient interdits, et de nombreux musiciens furent exilés à la campagne pour « *rééducation* ». Si vous assistez à un concert aujourd'hui, vous percevrez combien il est difficile de se remettre d'une telle répression xénophobe. Aussi doués et appliqués soient-ils, les musiciens professionnels chinois n'ont pas encore atteint un niveau international digne des plus grands. Mais l'enthousiasme des artistes et du public n'en est pas moins irrésistiblement contagieux.

Le festival des Lanternes marque la fin du Nouvel An.

Les répertoires de ballet, utilisé comme outil d'endoctrinement dans les années 1960 et 1970, sont beaucoup moins limités aujourd'hui. Les légendes folkloriques sont souvent source d'inspiration et des œuvres classiques européennes sont quelquefois produites, avec des costumes, des tableaux et des effets de lumière élaborés.

Calendrier des fêtes

Les jours fériés chinois officiels sont tous des inventions récentes qui commémorent les triomphes de la classe ouvrière internationale ou du Parti communiste de Chine *(voir Jours fériés p. 239)*. Les fêtes listées ci-dessous sont toutefois traditionnelles plutôt qu'officielles. Elles donnent aux touristes une excellente occasion de découvrir le meilleur d'une culture chinoise authentique.

Nouvel An chinois ou fête du Printemps Le début de l'année lunaire, maintenant baptisé « fête du Printemps » en Chine, donne lieu aux festivités les plus importantes de l'année. Selon le calendrier grégorien, il peut tomber n'importe quel jour du mois qui commence autour du 21 janvier, ce qui reste plutôt précoce pour le début du printemps. Cette fête de famille, la seule marquée par trois jours fériés, est une occasion d'acheter des nouveaux vêtements, d'offrir et de recevoir des cadeaux, de rembourser ses dettes et de faire ripaille. Le festival des Lanternes, un carnaval de lumière et de bruit, marque la fin des réjouissances ; à Harbin et Beijing, les lanternes sont sculptées dans la glace.

Qingming Réminiscente du culte des ancêtres, cette fête d'avril n'est plus aussi solennelle que jadis.

Fête des bateaux-dragons En mai ou juin, cette fête célèbre le poète et homme politique antique Qu Yuan (340-278 av. J.-C.) qui, plutôt que de céder aux pressions politiques, se noya dans une rivière du Hunan, malgré tous les efforts déployés pour le sauver. La population jetait des gâteaux de riz dans la rivière pour empêcher les poissons de dévorer son corps. Aujourd'hui, des gâteaux de riz aux dattes et aux noix sont servis. A cette occasion, de nombreuses villes organisent des courses de bateaux, où s'engagent parfois des équipes de l'étranger.

Fête de la mi-automne Des « gâteaux de lune », à base de farine de sésame et de graines de lotus, accompagnent cette fête qui a lieu en septembre ou en octobre, lorsque tout le monde sort de chez soi pour admirer la pleine lune et souhaiter une bonne récolte. D'autres gâteaux sont préparés pour l'occasion, notamment des *tang yuan*, des beignets à base de farine de riz remplis de sirop sucré, et des *yue bing*.

Fête de Confucius C'est en général à la fin septembre que les Chinois commémorent Confucius.

LES PLAISIRS DE LA TABLE

Alors que les Européens rognaient encore des os, l'art gastronomique prenait une place importante dans le patrimoine culturel de la Chine. Aujourd'hui, la haute cuisine française a beau lui faire concurrence par sa sophistication, les Chinois sont devenus des gourmets 2 000 ans plus tôt. A ce jour, aucun pays ne prépare autant de plats différents, à partir d'un tel choix d'ingrédients et présentés avec tant de finesse et d'à-propos.

Presque tous les pays du monde ont maintenant des restaurants chinois. Mais l'authenticité de la cuisine souffre considérablement lorsque les ingrédients essentiels ne sont pas disponibles et que le chef adapte les plats au goût du pays. La cuisine chinoise peut constituer un des clous de votre voyage, aussi mémorable que l'opéra de Beijing ou la Grande Muraille.

UNE GASTRONOMIE PLURIELLE

Un fléau familier dans l'histoire de la nation, la faim, a poussé les Chinois à utiliser au mieux des aliments que bien d'autres pays considèrent comme immangeables : les serpents, certains poissons et les nids d'hirondelles. Aujourd'hui toutefois, manger signifie plus pour les Chinois que rassasier sa faim. La nourriture en Chine est un plaisir plein d'enseignements philosophiques.

Un assortiment alléchant de *dim sum* succulents.

L'arrangement d'un repas chinois demande une progression harmonieuse des goûts, des textures et des couleurs. Les Chinois adorent les contrastes culinaires : aigre-doux, croustillant et tendre, le jaune de l'ananas et le rouge du poivron, etc. Etrangement pour un néophyte, les Chinois mangent le dessert au milieu du repas et la soupe à la fin.

Veillez à ne pas prendre tous vos repas à l'hôtel, même si c'est a priori la solution la plus simple : le menu sera dans une langue plus ou moins reconnaissable (le plus souvent l'anglais) et les serveurs, avertis des doutes et des craintes des touristes étrangers, vous apporteront parfois des couverts. Mais vous vous priveriez d'une expérience unique si vous ne mangiez pas au moins une fois dans un vrai restaurant chinois. Votre guide ou le personnel de l'hôtel pourront vous aider à en choisir un. En haute saison, ou

Les enseignes des restaurants de Shanghai rivalisent d'éclat.

si vous faites partie d'un groupe, mieux vaut réserver une table à l'avance. Le gouvernement tolère la présence de quelques restaurants privés. Le service y est souvent meilleur (mais pas forcément la nourriture) que dans les restaurants d'Etat.

Tout un protocole

Les hôtels servent le petit-déjeuner (occidental ou chinois) entre 7h et 8h30 ou 9h, un peu plus tard à l'extrême ouest du pays où le soleil se lève plus tard. Le déjeuner est servi entre midi et 14h et le dîner entre 18h et 20h. Les banquets commencent tôt et se terminent vers 20h ou 21h.

Les repas quotidiens restent simples. Le petit-déjeuner se compose souvent de *zhou* (porridge de riz) et de légumes ou de bouts de viande. Le déjeuner courant comprend une soupe de nouilles ou une assiette de riz, accompagnée de viande ou de légumes. Le dîner en famille se compose de l'inévitable bol de riz ou de nouilles, de soupe, puis de trois ou quatre plats chauds fraîchement préparés. La soupe est en général servie à la fin du repas, sauf dans le Guangdong, où elle dure tout le repas. Les desserts sont presque inexistants.

Les groupes de touristes sont souvent invités à des banquets ou des dîners officiels, pendant lesquels les problèmes de protocole s'ajoutent aux incertitudes concernant la nourriture.

Ne soyez pas en retard. Ne touchez à aucune des préparations ou boissons avant que votre hôte signale le début du repas. Buvez l'eau-de-vie (généralement du *mao tai*) dans votre petit verre uniquement pour porter un toast. Goûtez un peu de tout, en commençant par de petites quantités, car le repas peut compter jusqu'à treize plats. Ne prenez pas le dernier morceau d'un plat : vous signaleriez ainsi que vous n'avez pas assez mangé. Ne demandez pas de riz, jamais servi pour un banquet : ceci reviendrait à commander un sandwich lors d'un dîner formel.

Des milliers de spécialités régionales

De grandes variations régionales existent dans la cuisine chinoise, en fonction des ingrédients disponibles et des facilités d'approvisionnement propres à une région particulière. Les goûts, tout comme le climat, changent selon les lieux.

> **Avec un peu de pratique, n'importe qui peut utiliser des baguettes. Fixez la baguette du bas entre la base du pouce et de l'index et maintenez-la contre la première phalange de l'annulaire. La seconde baguette, la seule mobile, est actionnée par le bout du pouce et de l'index.**

La plupart des restaurants chinois à l'étranger servent une cuisine cantonaise car les habitants de la province méridionale du Guangdong (anciennement Canton) émigrèrent aux quatre coins du monde, ouvrirent des restaurants et introduisirent de nouveaux goûts. La cuisson à la vapeur et le sauté con-

A l'étal de fruits sur un marché en plein air de Beijing.

servent les saveurs naturelles, ainsi que les couleurs et les vitamines de la nourriture cantonaise. Recherchez les beignets cuits à la vapeur et fourrées à la viande ou aux crevettes, les rouleaux de printemps et, bien sûr, le porc ou les crevettes en sauce aigre-douce. Le riz blanc en est l'accompagnement typique, quoique vous puissiez commander du riz frit. Le riz cantonais, avec du jambon, de l'œuf et des petits pois, est une autre spécialité locale.

Le blé et non pas le riz est la denrée de base en Chine du nord. Aussi la cuisine de Beijing comprend-elle des nouilles, des petits pains et des beignets cuits à la vapeur. Beijing est l'endroit idéal où goûter au canard laqué, un raffinement légendaire. Tous les jours, les restaurants de la capitale servent des milliers de canards juste rôtis, à la peau croustillante. Dans une crêpe ultra fine, les convives enveloppent de petits morceaux de viande assaisonnés d'oignons verts et d'une sauce soja sucrée. Nanjing, de son côté, prépare un canard salé presque aussi célèbre.

La cuisine de Shanghai réclame beaucoup de temps et d'attention. Les goûts sont pleins de bonnes surprises, avec des notes sucrées ou salées agrémentées d'un soupçon d'ail ou de vinaigre. Les viandes sont souvent marinées, puis longuement braisées dans de la sauce soja, du vin et du sucre. Cependant, Shanghai reste mieux connue pour ses fruits de mer et des plats tels que le crabe d'eau douce cuit à la vapeur, l'anguille frite au miel, le poisson fumé et braisé et les crevettes sautées. Tout près de Shanghai, Hangzhou a inventé une nouveauté subtile : la crevette à la sauce au thé, imprégnée du goût discret du thé local.

La province du Sichuan a créé nombre de recettes au piment, beaucoup plus complexes que le feu de la première impression le laisse croire. Plusieurs éléments se combinent en une coexistence invraisemblable : aigre, sucré, fruité, acide et âpre. Même le tofou, que nombre de touristes trouvent désespérément fade, prend du caractère entre les mains des chefs de Chengdu ou de Chongqing. Mais tout n'est pas épicé sur les menus du Sichuan : pour changer, goûtez un éminé de porc sauté accompagné de ciboule et de pousses de soja.

La province voisine du Hunan apprécie également les qualités revigorantes du piment. Mais les plats ici s'avèrent moins épicés et moins gras que leurs équivalents du Sichuan. Le porc ou le

L'invasion des fast-foods

Les fast-foods américains sont devenus si populaires en Chine que les parents s'inquiètent de leur impact sur la santé de leurs enfants. Malgré des campagnes encourageant la création de restaurants rapides servant des spécialités chinoises, les marques américaines triomphent largement. Le 10 000e Kentucky Fried Chicken du monde a ouvert à Beijing en 1998. KFC fut la première chaîne de restauration rapide à s'introduire en Chine en ouvrant un restaurant près de la place Tiananmen en 1987. MacDonald's est arrivé plus tard, en 1992, mais s'est largement imposé dans tout le pays.

Selon des études récentes, les étudiants chinois y mangent une dizaine de fois par mois, en dépit du fait qu'un hamburger, un soda et une portion de frites coûtent dix fois plus cher qu'un repas traditionnel acheté à un vendeur de rue.

poulet fumé au piment du Hunan enchantent en général les gourmets.

Où que vous alliez en Chine, goûtez aux spécialités locales. Elles seront sans doute moins célèbres et moins sophistiquées que la « fausse oie » de Shanghai ou les légumes sculptés d'un banquet de Beijing, mais elles vous donneront un aperçu des saveurs de la campagne : agneau rôti et riz pilaf dans la lointaine province du Xinjiang, gros morceaux de mouton en Mongolie intérieure, jambon délicatement parfumé et finement tranché du Yunnan, poisson aigre-doux le long du Yangzi, etc. Au nord-est, la province du Jilin est célèbre pour son ragoût de poulet au ginseng. Le Heilongjiang voisin prépare un ragoût de museau d'élan et des pattes d'ours braisées aux pignons de pin. Les chefs de Guilin concoctent avec fierté un ragoût de rat de bambou, de la civette masquée et un bouillon de serpent, merveilleux en hiver pour reprendre des forces. Sachez que la « chèvre hâchée » est en réalité de la viande de chien, un des plats traditionnels préférés des gourmets chinois.

La rue Sanlitun de Beijing est jalonnée de cafés et restaurants.

AVEC OU SANS ALCOOL

Les Chinois apprécient le vin depuis des milliers d'années. Chaque province ou région possède son propre vin ou liqueur (vins et cognacs de Yantai, rouge de la région de Tianjin, cabernet sauvignon Grande Muraille, etc.), généralement assez sucré et produit à partir de fruits, de fleurs ou d'herbes locales.

Denrée précieuse, le thé est vendu en plusieurs variétés.

Les connaisseurs font mention de vins blancs et rouges de Shanghai et du vin blanc sec de Yantai. Il existe maintes variétés de vins rouges ; le meilleur, produit à Huadong dans le Guangdong, était le seul crû chinois présent à Vinexpo, à Bordeaux. A Xi'an, vous boirez du vin de Xifeng, une boisson incolore stupéfiante dont l'origine remonte à la dynastie Tang.

Comme les vins, les cognacs chinois présentent des variations régionales et incorporent des ingrédients aussi variés que des feuilles de bambous, des chrysanthèmes et des clous de girofle. Parfumé et sucré mais assez fort, le *mao tai* est traditionnellement utilisé pour porter des toasts dans les banquets.

Les buveurs de bière se répandent en superlatifs mousseux lorsqu'ils recommandent Tsingtao, la savoureuse bière à l'allemande brassée à Qingdao à partir de l'eau de source de la montagne Laoshan. Plusieurs régions possèdent leur propre marque locale, mais aucune ne s'est établi une réputation internationale comparable. De l'eau minérale est également disponible, ainsi que des jus de fruit et des boissons non-alcoolisées produites à partir d'essences de fruit.

Les Chinois maîtrisèrent l'art d'infuser le thé au III siècle. Les maisons de thé, qui se raréfient en Chine de nos jours, sont hautes en couleur, avec des musiciens et des conteurs qui officient sur place pendant que les clients jouent aux cartes ou aux dominos pendant des heures. Les Chinois boivent leur thé sans sucre et sans lait. Parmi les variétés disponibles, figurent le thé noir (fermenté), le thé vert odorant, le thé parfumé au jasmin ou au magnolia et le thé oolong, légèrement fermenté. Avant les banquets, du thé est servi aux convives dans une antichambre.

INFORMATIONS PRATIQUES

A

AEROPORTS

Tous les vols intérieurs sont assurés par les compagnies aériennes chinoises, maintenant équipées d'avions récents achetés en Occident, qui desservent la plupart des grandes destinations. L'aéroport de Beijing, premier lieu d'arrivée des touristes étrangers, comprend des restaurants, des snack-bars, des magasins de souvenirs, une boutique *duty-free* et un bureau de poste. Dans la zone douanière, une banque assure le change des devises étrangères.

Acheminement. Des bus mis à disposition par la municipalité de Beijing assurent la liaison entre l'aéroport et le centre-ville. Le trajet de 40 minutes jusqu'au centre peut également s'effectuer en taxi. De nombreux hôtels internationaux proposent une navette ou une autre forme de transfert. Arrangez-vous avec votre hôtel avant votre arrivée. Près de l'entrée principale de l'aéroport, des guichets vous aideront à organiser votre transfert vers les hôtels du centre-ville. Si vous optez pour le taxi, vous éviterez les arnaques en vous joignant à la file d'attente sur le trottoir devant le terminal. Les chauffeurs et rabatteurs qui attendent à l'extérieur de la zone douanière sont à éviter car ils vous feront payer deux à trois fois le tarif normal d'une course. De nos jours, même les plus petits aéroports de province sont desservis par des taxis.

Arrivée. Les passagers arrivant de l'étranger doivent remettre un certificat de santé (distribué à bord de l'avion) à un officier des services sanitaires, et leur passeport, leur visa et leur carte de débarquement aux officiers de l'immigration qui tamponnent ces documents et les restituent immédiatement. Les formulaires de déclaration en douane devront être complétés et présentés aux agents de l'aire de retrait des bagages ; vous devez en conserver la copie carbone jusqu'à ce que vous quittiez le pays.

Départ. Pensez à confirmer votre réservation au moins 72 heures avant le départ (de nombreux hôtels proposeront de le faire à votre place) et présentez-vous à l'aéroport deux heures avant le décollage. Notez que vous devrez payer une taxe de départ en devises chinoises. Cette taxe, variable d'un aéroport à l'autre, se monte en général à 50 yuan pour les vols intérieurs et 90 yuan pour les liaisons internationales.

AMBASSADES ET CONSULATS

Belgique : *Ambassade* : 6 Sanlitun Lu, Beijing ;
tél. (10) 6532 1736.
Consulat général de Hong Kong : St. John's Building,
33 Garden Road, Hong Kong ; tél. (852) 2524 3114.
Consulat g^{al} de Shanghai : 127 Wu Yi Road,
Shanghai ; tél. (21) 6437 6579.

Canada : *Ambassade* : 19 Dongzhimenwai Dajie,
Chaoyang District, Beijing ; tél. (10) 6532 3536.
Consulat général de Shanghai : 604 West Tower,
1376 West Nanjing, Shanghai ; tél. (21) 6279 8400.
Consulat g^{al} de Hong Kong : 1 Exchange Square,
8 Connaught Place, Hong Kong ; tél. (852) 2810 4321.

France : *Ambassade* : 3 Sanlitun Dongsanjie, Chaoyang District,
Beijing, tél. (10) 6532 1331.
Consulat général de Guangzhou : Hôtel Plaza,
339 rue Huang Shitong, Guangzhou (Canton) ;
tél. (20) 8330 3332.
Consulat g^{al} de Hong Kong : 26/F Admiralty Centre,
Tower 2, 18 Harcourt Road, Hong Kong ;
tél. (852) 3196 6100.
Consulat g^{al} de Shanghai : 1375 Huai-hai Zhong Lu,
Shanghai ; tél. (21) 6437 7414.

Consulat g^{al} de Wuhan : International Trade Center, New World Department Store Building, 297 Xinhua Hou Lu, Hankou, Wuhan ; tél. (27) 8577 8423.

Suisse :   *Ambassade* : 3 Sanlitun Dongwujie, Beijing ; tél. (10) 6532 2736.
Consulat général de Hong Kong : 3703 Gloucester Tower, The Landmark, 11 Pedder Street, Hong Kong ; tél. (852) 2522 7147.
Consulat g^{al} de Shanghai : 22F Building A, Far East International Plaza, 319 Xianxia Road, Shanghai ; tél. (21) 6270 0519.

ARGENT

Monnaie (voir aussi DOUANE ET FORMALITÉS D'ENTRÉE). L'unité monétaire chinoise est le yuan (son appellation officielle est *renminbi,* soit « monnaie du peuple », RMB en abrégé), divisé en 100 fen. Dix fen font un jiao. La plupart du temps, vous utiliserez les billets de 1, 2, 5, 10, 20, 50 et 100 yuan.

Banques et bureaux de change. Devises étrangères et chèques de voyages peuvent être changés contre leur équivalent en RMB dans les hôtels, à des guichets spéciaux de la Banque de Chine et dans les Friendship Stores (voir HORAIRES). Vous devrez présenter votre passeport. Gardez le reçu au cas où vous souhaiteriez changer votre excédent de RMB en devises étrangères lorsque vous quittez le pays – c'est votre seule option puisque cette unité monétaire n'est pas convertible hors de Chine.

Cartes bancaires et chèques de voyages. Les cartes bancaires sont de plus en plus acceptées dans les zones touristiques ; vous repèrerez vite les logos familiers dans les hôtels, certains restaurants et les Friendship Stores. Des distributeurs de billets apparaissent maintenant dans les grandes villes pour retirer des espèces, mais n'y comptez pas partout. Certaines succursales de la Banque de Chine et des hôtels accepteront de vous faire une avance en espèces prises sur votre carte bancaire. La plupart des hôtels prennent les cartes pour régler la note de séjour. Les chèques de voyages peuvent être changés dans les hôtels, les banques et certains magasins. Mais gardez à l'esprit que la Chine reste un pays où les transactions se font majoritairement en espèces.

Dépenses. Les prix pratiqués pour l'hébergement des touristes, l'alimentation, les visites et les spectacles ne reflètent en rien le coût de la vie en Chine. Les produits et les services indexés sur les prix chinois à la consommation constituent de bonnes affaires pour les touristes. Les indications ci-dessous vous donneront une idée des tarifs pratiqués, qui varient d'une région à l'autre mais aussi en fonction des saisons et de l'inflation.

Chambre double avec bain dans un hôtel international de luxe : 1200-2500 yuan ; dans un hôtel plus modeste 600-1200 yuan.

Musées : 2-40 yuan l'entrée.

Repas et boissons : 30-60 yuan pour déjeuner et 80-120 yuan pour dîner dans un restaurant modeste ; 80-150 yuan à midi et 120-320 yuan le soir dans un établissement plus cher. Alcools d'importation : 50 yuan le verre ; bière chinoise : 15-30 yuan ; bière d'importation : 40-60 yuan ; café : 10-20 yuan.

Théâtre ou opéra chinois : 50-200 yuan.

Transfert de/vers l'aéroport : 110 yuan pour un taxi de l'aéroport de Beijing au centre-ville ; 90 yuan de taxe de départ dans un aéroport international.

Transports : 10-50 fen pour un ticket de bus en ville ; 15 yuan pour une course en taxi de la gare de Beijing à la place Tiananmen.

Voiture avec chauffeur : 400 yuan par jour pour un forfait de 8 heures ou 120 km.

C

CARTES ET PLANS

Les autorités locales du tourisme et les hôtels distribuent souvent des plans gratuits de la ville et des principaux sites touristiques. Des cartes plus détaillées des grandes villes touristiques, publiées par le les Editions cartographiques de Beijing, sont disponibles dans les librairies et les kiosques à journaux, dans les hôtels et dans la rue. Une carte bilingue, en chinois et en français, peut s'avérer utile quand vous demandez votre chemin.

CLIMAT ET HABILLEMENT

Climat. La Chine est un immense pays où les climats passent d'un extrême à l'autre. A Guangzhou, l'été dure plus de six mois, mais à peine une quinzaine de jours à Urumqi, dans la lointaine Mongolie intérieure. En janvier, la température stationne autour de -19°C à Harbin, au nord-est du pays, alors que Guangzhou, au sud, jouit d'une température moyenne de 14°C. Globalement, les meilleures saisons pour visiter la Chine sont le printemps et l'automne, quand la plupart des régions connaissent des températures modérées.

Les moyennes mensuelles indiquées ci-dessous ont été relevées à Beijing (B), Guangzhou (Gz), Shanghai (S), Xi'an (X) et Guilin (G).

	J	F	M	A	M	J	J	A	S	O	N	D
B	-4	-2	4	13	20	25	26	25	20	13	4	-3
Gz	14	15	18	22	26	27	29	29	27	24	20	15
S	3	4	8	14	19	24	28	28	24	18	13	6
X	-3	2	8	14	20	26	27	26	20	13	7	1
G	8	9	13	18	24	26	29	28	26	21	15	10

Habillement. Prévoyez des pulls et une veste imperméable. En hiver, un manteau chaud est essentiel et des sous-vêtements thermiques seront les bienvenus, de même que des gants, une écharpe et un bonnet. Vous pourrez si nécessaire acheter toutes ces choses sur place à des prix raisonnables. Les Chinois ont tendance à porter plusieurs couches de vêtements, ce qui permet de réagir rapidement aux changements de température.

Les touristes s'habillent de façon relativement informelle mais les hommes d'affaires portent costume et cravate pour les réunions importantes ou les banquets. Evitez avant tout l'ostentation. L'élément le plus important de votre garde-robe sera sans doute une bonne paire de chaussures de marche.

COMMENT Y ALLER

En avion

La plupart des compagnies aériennes d'Amérique du Nord, d'Europe, d'Asie ou d'Océanie proposent des vols directs ou avec correspondance pour Beijing, Shanghai et Hong Kong. L'Administration chinoise de l'aviation civile (AACC) rassemble plus de vingt petites compagnies aériennes du pays ; Air China, China Eastern et China Southern, les trois plus importantes, opèrent quelques liaisons internationales.

Au départ d'Amérique du Nord. Des vols directs à destination de Hong Kong, Beijing et Shanghai partent des aéroports de la côte ouest, avec des correspondances vers les grandes villes d'Amérique du Nord. Certaines compagnies nord-américaines proposent des vols pour Beijing via Tokyo ou Hong Kong. Il est également possible de passer par l'Europe – c'est parfois la solution la plus économique même si vous y perdez du temps. Si ni le temps ni l'argent ne posent problème, renseignez-vous sur les billets tour du monde : pour vous inciter à acheter, certaines compagnies proposent des tarifs spéciaux et une option escales illimitées.

Au départ d'Europe. Les compagnies aériennes chinoises et européennes proposent des vols à destination de Beijing ou Shanghai au départ de Londres, Francfort, Paris, Bruxelles, Vienne, Madrid,

Zurich et autres. Les compagnies nationales de certains pays traversés en route vers la Chine, tels que l'Inde, le Pakistan, l'Iran ou la Russie, proposent en Europe pour leurs vols à tarifs réduits.

En bateau

Les ports chinois sont sur l'itinéraire de certaines croisières de luxe et de nombreux transporteurs régionaux. Les destinations les plus prisées sont Hong Kong, Shanghai et Xingang (le nouveau port de Tianjin, le plus proche de Beijing). Parmi les autres ports touristiques, figurent Xiamen (Amoy), Qingdao, Dalian et Yantai. Certaines compagnies de croisières proposent à leurs passagers des excursions en train ou en avion : moyennant un supplément, vous quittez le bateau dans un port et le rejoignez dans un autre après avoir passé quelques jours à visiter le pays.

Différentes formules touristiques

Jusqu'à récemment, les options étaient encore limitées pour visiter la Chine. Aujourd'hui, des centaines de villes, de monuments et de sites naturels sont ouverts aux touristes étrangers. Les itinéraires sont variés et les circuits à thème constituent une bonne alternative aux parcours touristiques habituels. Les voyages sans accompagnateur se multiplient, malgré les nombreuses difficultés.

Voyages organisés. De nombreux voyagistes européens et nord-américains proposent des voyages collectifs en Chine. Sont généralement inclus dans le forfait les billets d'avion, l'hébergement en pension complète, les excursions, les déplacements sur place, les guides et interprètes locaux et souvent une ou deux nuits à Hong Kong avant le vol de retour. Les groupes comptent entre 12 et 50 personnes et le circuit suit un itinéraire fixe passant par trois à six villes. Le séjour peut durer de huit jours à trois semaines. Les voyages organisés incluent souvent des excursions dans des lieux difficiles à visiter seul : fermes, usines, hôpitaux, écoles, ainsi que la visite guidée des sites naturels et historiques les plus importants. En soirée, vous pourrez certainement assister à des spectacles de danse ou de musique ethnique, ou à un opéra chinois. Attendez-vous cependant à des changements de dernière minute dans l'itinéraire ou les activités. La plupart des voyagistes ne peuvent établir un programme exact avant d'arriver en Chine, et se heurtent parfois à des difficultés sur place.

Circuits à thème et tourisme d'aventure. Des circuits alternatifs (toujours en groupe) sont proposés aux touristes ayant un intérêt particulier : acupuncture, archéologie, arts martiaux ou cultures minoritaires. Certains de ces circuits incluent des rencontres avec des professionnels et la visite d'institutions ou de sites spécifiques. Pour ceux qui ont le goût de l'aventure, il existe des circuits spécialisés dans la randonnée, l'escalade, la découverte de la nature sauvage ou le VTT.

Voyages indépendants. Les voyageurs indépendants auront davantage d'occasions de sortir des sentiers battus, mais attention, organiser soi-même son voyage en Chine peut s'avérer assez difficile. De nombreux voyageurs indépendants choisissent d'entrer en Chine à Hong Kong. Partie intégrante de la Chine depuis 1997 et officiellement dénommée SAR (Special Administrative Region), Hong Kong est le meilleur endroit où obtenir des visas de dernière minute et faire ses ultimes préparatifs de voyage. De là, vous pouvez rallier la plupart des grandes villes chinoises en avion, en train, par la route ou en bateau. Les agences de voyages de Hong Kong vous vendront également toutes sortes de forfaits pour découvrir la Chine, des excursions à la journée de l'autre côté de la frontière à des circuits de deux à trois semaines incluant la visite des villes et des sites les plus importants. A Hong Kong, vous pourrez aussi effectuer vos propres réservations par l'intermédiaire des bureaux locaux du CTS (China Travel Service) ou du CITS (China International Travel Service). Traditionnellement, le CTS s'occupe des Chinois à l'étranger alors que le CITS (Guoji Luxingshe) prend en charge les touristes étrangers venus en Chine, mais la distinction n'est plus aussi marquée aujourd'hui. Enfin, vous pouvez réserver des vols pour la Chine auprès de la compagnie aérienne Dragonair, basée à Hong Kong.

De nombreux visiteurs, en particulier ceux dont le séjour commence à Hong Kong, choisissent de voyager seul mais réservent à l'avance leurs hôtels et leur transport, et s'organisent pour rencontrer des guides qui les attendent à chaque étape. Cette forme de voyage sans accompagnateur peut être organisée depuis l'étranger ou auprès d'agences de voyages basées à Hong Kong et spécialisées dans les séjours en Chine. Le CITS peut vous aider à mettre en place ce type d'itinéraire même après votre arrivée en Chine. Il suffit de leur fournir des informations détaillées sur votre destination, vos choix de transport et d'hébergement et leurs agents feront tout le nécessaire en un délai minimum, mais sachez que ce service peut revenir assez cher.

D

DECALAGE HORAIRE

Bien que la Chine s'étende sur plusieurs longitudes, il n'y a qu'un fuseau horaire pour tout le pays. Les horaires des avions ou des émissions de radio s'en trouvent simplifiés mais, à certaines saisons, dans l'extrême ouest du pays, le soleil se lève et se couche à des heures bien étranges. La Chine a abandonné l'heure d'été. L'heure légale est GMT+8. Lorsqu'il est 12h en Chine, il est 5h ou 6h (été) à Paris.

DOUANES ET FORMALITES D'ENTREE

Visiter la Chine n'est plus aussi compliqué que dans le passé. Au début, seuls les voyages d'affaires sur invitation étaient possibles. Puis quelques groupes de touristes à l'itinéraire sévèrement contrôlé furent autorisés. Les procédures s'assouplirent ensuite pour les voyages organisés, et enfin pour les visiteurs indépendants. Les règles gouvernant les conditions d'entrée dans le pays changent sans cesse. Renseignez-vous sur la législation en vigueur auprès d'agents de voyages compétents, du consulat chinois ou du ministère des Affaires Etrangères.

Visas. Pour entrer en Chine, vous devez présenter un passeport en cours de validité et un visa délivré par les autorités chinoises. Un visa de groupe est délivré pour les voyages organisés, sur lequel apparaissent les noms de chaque participant et d'autres informations personnelles. Dans ce cas, le voyagiste s'occupe des démarches. Faites votre demande de visa bien avant le départ. Même si les autorités chinoises affirment que ces derniers peuvent être obtenus à l'arrivée dans les grands aéroports, mieux vaut s'adresser au CITS avant de partir, au CTS, à l'ambassade ou au consulat chinois le plus proche. L'agence de voyages qui s'occupe de vos réservations peut en général accélérer le traitement de votre demande de visa. Si le visa doit être délivré dans un délai très court, vous devrez sans doute vous acquitter d'un supplément. Les délais d'obtention varient de un jour (à Hong Kong) à dix jours partout ailleurs.

Vaccins. Aucun vaccin n'est obligatoire, sauf pour les voyageurs arrivant en Chine moins de six jours après être passé dans une zone touchée par la fièvre jaune. Prenez vos précautions contre la malaria si vous prévoyez de vous rendre dans certaines zones rurales à basse altitude. Veillez à consulter un médecin avant votre départ pour obtenir les informations les plus récentes à ce sujet.

Douanes. Avant votre arrivée, vous devrez remplir un formulaire de déclaration en douane faisant l'inventaire des biens en votre possession : montre, bijoux, appareils photos ou équipements électroniques. A la fin de votre séjour en Chine, vous devrez peut-être prouver que vous êtes encore en possession de tous les objets figurant sur la liste, en plus de ceux déclarés comme cadeaux.

En règle générale, les autorités chinoises interdisent l'introduction d'objets tels que des armes et explosifs, des équipements de radio-transmission, des produits alimentaires frais, des animaux vivants, plus de 10 000 dollars américains, des matériaux subversifs ou pornographiques, et des narcotiques et stupéfiants.

La Chine autorise l'introduction libre de deux litres d'alcool et 400 cigarettes ; de produits alimentaires, de vêtements et de médicaments destinés à votre consommation personnelle ; et d'une quantité illimitée de devises étrangères.

Au moment du départ. Vous devrez présenter la copie carbone de votre formulaire de déclaration en douane. Les douaniers vous demanderont peut-être de leur montrer certains, voire tous les objets figurant sur la liste. Conservez les reçus des achats que vous aurez effectués en Chine au cas où la douane vous poserait des questions. Les objets d'art anciens de plus de 150 ans ne peuvent pas sortir de Chine. Seuls ceux sur lesquels un cachet de cire rouge a été apposé peuvent être exportés. Pour changer les devises qui vous restent, vous devrez peut-être présenter les reçus de change. A ce jour, les devises chinoises ne sont pas convertibles ailleurs que sur le territoire chinois.

E

EAU

Evitez de boire l'eau du robinet car elle n'est pas toujours potable. Même les carafes d'eau mises à votre disposition dans les hôtels peuvent perturber les estomacs sensibles. En revanche, vous pouvez sans crainte boire l'eau bouillie qui vous est donnée dans des bouteilles thermos pour faire du thé. Au restaurant, vous trouverez de l'eau minérale en bouteille.

ELECTRICITE

En principe, la tension électrique dans toute la Chine est de 220 volts. En réalité, d'importantes baisses de tension se produisent régulièrement. Les types et tailles de prises varient mais vous pourrez emprunter des adaptateurs dans les hôtels.

G

GUIDES ET EXCURSIONS

En voyage organisé, vous disposerez sans doute d'un vaste choix de guides : un représentant de l'agence de voyages, un guide chinois, un coordinateur du CITS et un guide local pour chaque ville ou région visitée. Les touristes indépendants ne sont pas obligés de recourir aux services d'un guide ou d'un interprète mais choisissent souvent cette option lorsqu'ils réservent un circuit touristique local. Un guide vous permettra d'utiliser au mieux votre temps, éliminera les problèmes de réservation d'hôtel et de transport local, tout en répondant à toutes vos questions.

H

HEBERGEMENT

Pour les voyages en groupe, l'hébergement est organisé à l'avance par le voyagiste, souvent en collaboration avec le CITS. Les agences de voyages étrangères peuvent maintenant réserver des chambres directement dans les hôtels internationaux des grandes villes chinoises. Les voyageurs indépendants peuvent également effectuer leurs propres réservations auprès d'un nombre croissant de chaînes hôtelières internationales : Holiday Inn et Shangri-La sont les plus présentes en Chine.

Les hôtels chinois vont du plus luxueux au plus spartiate. Les plus récents, souvent construits en coopération avec l'étranger, sont similaires à ceux d'Europe ou d'Amérique du Nord. Les voyageurs plus aventureux préféreront peut-être le charme désuet d'un vieil établissement, d'une auberge ou d'un hôtel tenu par des Chinois, situé dans un lieu historique ou dans un cadre naturel intéressant. En général, les hôtels des petites villes ou des endroits reculés ne sont pas très confortables.

La climatisation est encore relativement récente en Chine. Les chambres sont en général équipées du téléphone et, dans les hôtels de luxe, d'un mini-réfrigérateur, de la télévision et de toutes sortes d'équipements. Presque toutes les chambres disposent de tasses et d'un thermos d'eau chaude pour faire du thé ; une petite boîte de thé est fournie. On vous servira parfois de l'eau minérale en bouteille, que vous pouvez également acheter un peu partout.

Dans les grands hôtels tenus par des Chinois, chaque étage est équipé d'une réception où un membre du personnel parlant quelques mots d'anglais s'occupe des clés, de la blanchisserie, des problèmes de téléphone et vend des cigarettes, des en-cas, des boissons et des cartes postales. Le bureau de poste, le service de change et les magasins de souvenirs sont souvent situés au rez-de-chaussée. Un conseil : lorsque vous quittez votre hôtel sans accompagnateur, même pour une petite promenade, pensez à prendre une carte (disponible à la réception) portant le nom de l'hôtel en chinois et en anglais. Elle pourra vous être très utile si vous devez demander votre chemin ou indiquer votre destination à un chauffeur de taxi.

HORAIRES

Magasins. Les Friendship Stores et les grands magasins sont en général ouverts de 9h à 19h (20h en été) sept jours sur sept. Les magasins de quartiers restent parfois ouverts plus longtemps.

Banques. Elles ouvrent généralement de 8h à 17h du lundi au vendredi. Dans les grands hôtels, les bureaux de change restent en principe ouverts 24 heures sur 24, sept jours sur sept, mais renseignez-vous sur les horaires à votre arrivée.

Bureaux de poste. Les annexes situées dans les hôtels ouvrent souvent de 8h à 18h du lundi au samedi et de 8h à 12h le dimanche.

Musées. De 9h à 16h six jours par semaine, le jour de fermeture étant souvent le lundi. Les temples sont normalement ouverts de 8h à 17h tous les jours de la semaine.

Restaurants. De 8h à 10h pour le petit-déjeuner, de 11h30 à 14h pour le déjeuner et de 17h à 20h30 pour le dîner, mais les horaires peuvent varier considérablement.

J

JOURS FERIES

Dans tout le pays, les bureaux et les usines ferment pour les quatre jours fériés suivants :

Nouvel An	1er janvier
Fête du Printemps	janvier ou février
(Nouvel An chinois)	
Fête du Travail	1er mai
Fête nationale	1er octobre

Les réjouissances du Nouvel An chinois, dont la date est déterminée par le calendrier lunaire, s'étalent sur trois jours. Les autres jours fériés, instaurés pour la plupart depuis la fondation de la République populaire de Chine en 1949, n'ont que très peu d'effet sur la vie quotidienne.

Journée de la Femme	8 mars
Journée de la Jeunesse	4 mai
Journée des Enfants	1er juin
Anniversaire de la création	
du Parti Communiste	1er juillet
Jour de l'Armée	1er août

L

LANGUE

Le chinois est la langue maternelle commune au plus grand nombre d'individus sur terre. Pourtant, les Chinois ont souvent du mal à communiquer entre eux. La langue écrite qui les rassemble est universelle mais ils parlent une multitude de dialectes parfois si différents qu'ils sont incapables de se comprendre. Dans l'intérêt de l'unité nationale et de la compréhension, le gouvernement encourage vigoureusement l'utilisation du *putonghua*, une langue nationale connue à l'étranger sous le nom de mandarin, basée sur le dialecte parlé à Beijing. Mais les traditions régionales sont difficiles à décourager, même pour une bonne cause.

Le *putonghua* compte moins de voyelles et de consonnes que de syllabes, qui forment un ensemble d'homonymes (termes de significations différentes mais à l'orthographe identique). En réalité, chaque syllabe est prononcée sur un des quatre tons que contient le chinois (ton haut, montant, descendant-montant et descendant). Il est extrêmement difficile pour les étrangers de percevoir ces nuances de ton, et encore plus de les reproduire. C'est pourquoi ce guide utilise une transcription phonétique simplifiée, où les accents toniques ont été supprimés.

Le chinois écrit – les pictogrammes qui racontent l'histoire millénaire de la Chine – n'a aucune relation avec les sons de la langue parlée. Dans le but d'accroître le taux d'alphabétisation, les autorités ont simplifié de nombreux caractères traditionnels, mais pas encore assez pour faciliter la tâche aux étrangers. Le gouvernement a également inauguré un nouveau système universel de romanisation du chinois : le *pinyin* (littéralement « son phonétique ») a ainsi transformé le nom de Pékin en Beijing.

La prononciation du *pinyin* possède ses propres nuances et écueils. Les consonnes suivantes (accompagnées de leur prononciation approximative en français) posent souvent problème :

c	**ts** comme dans « **ts**é-**ts**é »
g	**g** comme dans « **g**âteau »
h	**rrr** comme la *jota* espagnole
j	**dj** comme « **j**ean »
q	**tch** comme dans « **tch**in »
x	**ch** comme dans « **ch**eval »
z	**ds** comme dans « a**ds**orber »
zh	**j** comme dans « **j**oli »

La grande majorité des Chinois ne connaissent que quelques mots d'anglais, et vous aurez du mal à mener une conversation avec eux dans cette langue. Les employés des hôtels, des compagnies aériennes et les personnes en contact direct avec les touristes étrangers sont en général capables de se débrouiller en anglais dans les situations les plus courantes. Les guides touristiques, quant à eux, parlent une ou plusieurs langues étrangères, mais n'ont pas tous une connaissance poussée du français. Pour vous faire comprendre, parlez lentement et clairement, en utilisant un langage simple.

0	ling	零	20	er-shi	二十
1	yi	一	21	er-shi-yi	二十一
2	er	二	22	er-shi-yi	二十二
3	san	三	30	san-shi	三十
4	si	四	40	si-shi	四十
5	wu	五	50	wu-shi	五十
6	liou	六	60	liou-shi	六十
7	qi	七	70	qi-shi	七十
8	ba	八	80	ba-shi	八十
9	jiu	九	90	jiu-shi	九十
10	shi	十	100	yi-bai	一百
11	shi-yi	十一	101	yi-bai ling-yi	一百零一
12	shi-er	十二	200	er-bai	二百
13	shi-si	十三	1000	yiqian	一千

LOCATION DE VOITURES

Les voitures de location font lentement leur apparition en Chine, mais les touristes ne peuvent en général pas louer de véhicule car un permis de conduire chinois est nécessaire. Conduire en Chine n'est pas chose facile, même si le code de la route est globalement le même que dans les pays occidentaux. Les touristes optent en général pour le taxi ou la voiture avec chauffeur, qui peuvent être facilement réservés par l'intermédiaire de l'hôtel. Si vous ne voulez pas louer une voiture pour la journée, il est souvent possible d'engager un taxi à l'heure. Leurs tarifs restent bas pour les déplacements en ville (15-50 yuan la course, en fonction de la distance). Exigez que le compteur soit utilisé ; vous pouvez demander un reçu.

M

MEDIAS

Journaux et magazines. Certains journaux et magazines étrangers, essentiellement anglophones, sont vendus dans les kiosques à journaux des grands hôtels : *International Herald Tribune*, *Asian Wall Street Journal*, *South China Morning Post* (journal de Hong Kong) et *USA Today International*. Vous trouverez aussi parfois des hebdomadaires d'actualité étrangers (et même des magazines de mode ou de sport), mais sachez que la presse étrangère reste introuvable dans les petites villes et les endroits reculés.

Le journal chinois de langue anglaise *China Daily* et ses publications hebdomadaires, *Beijing Weekend* et *Shanghai Star*, sont également vendus dans les hôtels et en kiosque dans la plupart des villes, parfois avec un retard considérable dans les régions reculées. Ces publications couvrent l'actualité chinoise et internationale et publient des reportages touristiques, les résultats sportifs et même les cours de la bourse. Les périodiques officiels publiés par le gouvernement, tels que *Beijing Review* et *China Pictorial*, sont disponibles en plusieurs langues.

Télévision et radio. Que vous compreniez ou non le chinois, vous aurez probablement l'occasion d'apercevoir certains programmes de la télévision publique chinoise : feuilletons télévisés, bulletins d'informations, opéras chinois, films, rencontres sportives et même quelques publicités. La plupart des hôtels sont équipés de téléviseurs, que ce soit dans les chambres ou dans un salon commun. Dans les établissements qui disposent de la télévision par satellite, vous aurez accès à toutes les grandes chaînes internationales : CNN, BBC, TV5, etc.

Certains programmes en langue anglaise pouvant être utiles aux touristes, tels que les informations et bulletins météorologiques, sont diffusés à la radio et la télévision chinoises. Vous devriez pouvoir capter Radio France International (RFI) sur les ondes courtes.

O

OBJETS TROUVES

En Chine, ce qui appartient aux étrangers est si facilement identifiable que rien ne reste perdu bien longtemps. Le Bureau de sécurité publique de Beijing restitue souvent aux visiteurs et aux résidents leurs appareils photos, leurs bagages et même d'importantes sommes d'argent. Si vous perdez quelque chose, commencez par en informer votre guide ou la réception de l'hôtel.

OFFICES DE TOURISME

C'est au CITS, également connu sous le nom de Guoji Luxingshe, que revient la responsabilité de répondre aux besoins des étrangers en visite en Chine. Le CITS a des représentations dans toutes les grandes villes chinoises, ainsi que dans les principales destinations touristiques et les ports d'entrée.

Beijing : *CITS* (siège)

103 Fuxingmen Neidajie, 100800 Beijing ;
tél. (10) 6607 1575, fax (10) 6605 9512.

Office de tourisme de Beijing
28 Jianguomenwai Dajie, 100022 Beijing ;
tél. (10) 6515 8562, fax (10) 6515 8603.
Le CITS est également présent à l'étranger.
France : *Office de tourisme de Chine*
15 rue de Berri, 75008 Paris ; tél. 01 56 59 10 10
Hong Kong Tourist Board
37 rue de Caumartin, 75009 Paris ; tél. 01 42 65 66 64.

P

PHOTOGRAPHIE

Bien que les Friendship Stores, les grands magasins modernes et un nombre toujours croissant de photographes stockent maintenant les grandes marques de pellicules photo, il est préférable d'emporter plusieurs rouleaux dans vos bagages. Etant donné l'extraordinaire beauté et la diversité de la Chine, vous prendrez probablement plus de photos que d'habitude. Dans les grandes villes, vous pourrez faire développer vos photos en une heure ou une journée, mais, pour plus de sécurité, la plupart des touristes préfèrent attendre d'être rentrés chez eux pour cela.

Par courtoisie, demandez toujours la permission des personnes que vous souhaitez photographier de près. Ne forcez personne, pas même votre guide, à poser pour vos photos. Vous pouvez cependant prendre sans crainte des vues générales de groupes d'individus et de lieux. En raison du secret militaire, il est interdit de photographier les ponts, les tunnels, les aéroports et les soldats.

POIDS ET MESURES

La Chine utilise le système métrique mais les poids et mesures traditionnels persistent sur les marchés.

Distance : 1 *shichi* = 0,33 m ; 1 *shili* = 0,5 km
1 m = 3 *shichi* ; 1 km = 2 *shili*

Surface : 1 *mu* = 0,07 hectarc ; 1 hectare = 15 *mu*
Volume : 1 *sheng* = 1 litre
Poids :   1 *jin* = 0,5 kg ; 1 kg = 2 *jin*

POLICE

Les policiers armés portent un uniforme vert et un képi portant l'emblème national chinois. Les touristes ont tendance à confondre lcs agents de police et les membres de l'armée de l'air, qui portent un uniforme identique à l'exception d'une étoile rouge sur le képi. Le numéro d'urgence pour la police est le **110**.

POSTES ET TELECOMMUNICATIONS

Bureaux de poste. Les hôtels abritent souvent un petit bureau de poste ou un guichet ouvert sept jours sur sept où des timbres, du papier à lettres et des cartes postales sont en vente. En Chine, les enveloppes et certains timbres ne sont pas gommés, ce qui explique la présence de pots de colle sur les comptoirs. Les lettres et les cartes postales expédiées par avion mettront une dizaine de jours pour arriver à destination. Le courrier circule très lentement.

La poste chinoise n'offre pas la possibilité de recevoir du courrier en poste restante. Si vous attendez du courrier pendant votre voyage en Chine, demandez à vos correspondants d'adresser leurs lettres aux hôtels où vous allez séjourner. Dans les grandes villes, il y a aussi des sociétés de coursiers.

Téléphone. L'indicatif international de la Chine est le 86. Pour appeler en Chine depuis l'étranger, composez tout d'abord le 00, puis le 86, puis le préfixe de la ville (par exemple, 10 pour Beijing, 21 pour Shanghai) et enfin le numéro de votre correspondant.

Pour une communication nationale en Chine, composez le 0 suivi du préfixe de la ville puis du numéro souhaité.

Enfin, pour un appel international depuis la Chine, composez le 00 suivi de l'indicatif du pays (33 pour la France, 1 pour le Canada,

41 pour la Suisse et 32 pour la Belgique), puis du numéro de votre correspondant sans le 0 initial.

Vous pouvez passer des appels locaux, en général gratuits, depuis votre chambre d'hôtel ou n'importe quel téléphone public. Les cabines téléphoniques à pièces sont encore rares mais de nombreux magasins mettent un appareil, souvent situé à l'entrée, à la disposition du public. La plupart des hôtels permettent d'appeler à l'étranger, en général depuis votre chambre. Les appels en PCV (facturés à votre interlocuteur) sont disponibles par l'intermédiaire des hôtels ou d'opérateurs internationaux.

Fax, télégrammes et télex. La plupart des hôtels proposent un service de fax, souvent situé dans le centre d'affaires. C'est sans doute là le moyen le plus rapide et le plus sûr de communiquer avec l'étranger. Les tarifs des télégrammes internationaux varient selon la destination et l'urgence de votre message (normal ou express). Vous pourrez également, depuis les guichets postaux situés dans la plupart des hôtels, envoyer des télégrammes dans le reste du pays ou des radiotélégrammes vers l'étranger. Enfin, il n'est pas toujours possible d'envoyer un télex ; dans bon nombre d'hôtels, le client doit transmettre son propre message, et le coût dépend du temps passé sur les lignes internationales.

E-mail. Une fois encore, les centres d'affaires des grands hôtels proposent souvent une borne d'accès à l'internet pour consulter votre courrier électronique. Quelques cybercafés font leur apparition dans les grandes villes. Certains hôtels mettront à votre disposition une prise pour votre modem ou votre ordinateur portable. Le coût des communications internet et fax reste relativement élevé.

POURBOIRES

Traditionnellement, les autorités chinoises rejettent la pratique du pourboire, mais elle est de plus en plus courante, en particulier dans les villes côtières. Un petit cadeau, qui peut être un souvenir de votre pays, sera approprié dans certains cas (par exemple, pour un guide qui s'est montré extrêmement serviable). Si votre cadeau est refusé, n'insistez pas.

R

RECLAMATIONS

Le secteur chinois du tourisme se développe irrégulièrement. Il n'existe pas encore de procédures officielles pour porter plainte, mais un service d'assistance téléphonique a été mis en place dans des grandes villes pour traiter les réclamations des touristes. La volonté bien chinoise de sauver la face aggrave le problème : les Chinois considèrent comme cruel et injustifié le fait de critiquer publiquement un individu. Il est bien plus efficace de prendre votre guide à part pour lui expliquer en privé vos griefs plutôt que lui manifester ouvertement votre mécontentement. Perdre son sang froid est la pire réaction possible.

Beijing	6513-0828	Shanghai	6439-0630
Guangzhou	8667-7422	Tianjin	835-8814
Hangzhou	515-6631	Nanjing	330-1221
Kunming	313-5412	Suzhou	522-3327
Jinan	296-3423	Guilin	383-0265
Qingdao	387-5345	Xi'an	526-1437

RELIGION

De nombreux lieux de culte qui furent fermés, saccagés ou détruits pendant la Révolution Culturelle ont été réhabilités et rouverts à la pratique religieuse. Des offices sont à nouveau célébrés dans la cathédrale romaine catholique et l'église protestante de Beijing ; certains services sont donnés en anglais. Si vous souhaitez assister à un service religieux, informez-en à l'avance votre guide pour qu'il puisse l'inclure dans son programme de visites.

S

SANTE ET SOINS MEDICAUX

Aucun problème de santé particulier n'est à craindre lors de votre séjour en Chine mais il est recommandé de consulter un médecin avant de partir pour anticiper les soucis potentiels. Prévoyez quelques médicaments essentiels car il est difficile voire impossible de trouver les traitements occidentaux en Chine. Pour éviter les difficultés à la douane, assurez-vous que tous vos médicaments sont clairement étiquetés et dans leur emballage d'origine. Si vous avez l'intention de visiter une région touchée par la malaria, vous devez commencer le traitement avant votre départ et le continuer pendant un certain temps après avoir quitté la région touchée.

Les troubles bénins qui semblent toucher le plus souvent les touristes sont la toux, les rhumes et les angines. Des troubles de la digestion peuvent parfois aussi résulter de la consommation de certains aliments mal lavés ou d'eau non-potable.

Au cas où vous auriez besoin de soins médicaux en Chine, votre guide, le réceptionniste de l'hôtel ou le bureau local du CITS appelleront un médecin ou s'occuperont de votre transfert à l'hôpital. Pour contourner l'obstacle de la langue, mieux vaut faire appel à un interprète pour expliquer les symptômes et le traitement. Cependant, la plupart des médecins chinois, en particulier ceux qui traitent les visiteurs étrangers, sont très qualifiés en médecine occidentale et donnent d'excellents diagnostics. (Les habitués des voyages en Chine emportent souvent dans leurs bagages une seringue stérile au cas où une injection serait nécessaire).

Si vous le souhaitez, votre traitement pourra combiner médecine moderne et médecine chinoise avec, par exemple, des médicaments à avaler et des infusions d'herbes à boire. L'acupuncture est très largement utilisée en médecine chinoise et les touristes étrangers sont parfois tentés d'essayer un traitement indolore par les aiguilles. Vous pouvez aussi insister pour être soigné à l'occidentale.

T

TOILETTES

Les toilettes publiques dans les villes et les villages sont loin de satisfaire aux normes internationales, malgré la mise en place d'un programme de modernisation de tous les équipements sanitaires destinés aux touristes étrangers. Un conseil : ayez toujours sur vous des mouchoirs en papier.

TRANSPORTS

Vols intérieurs. Ils sont assurés par plusieurs compagnies aériennes. Ces dernières années, grâce à l'acquisition d'avions plus modernes et la construction de nouveaux aéroports, le confort des vols intérieurs s'est amélioré. Certains appareils plus vétustes continuent d'être utilisés, notamment de vieux avions soviétiques à hélices sur les vols de courte distance – c'est ainsi que la moindre intempérie perturbe le trafic aérien. Le service à bord des avions varie considérablement : les rafraîchissements ne sont pas toujours fournis, mais des souvenirs vous seront souvent distribués.

Trains. Le réseau ferroviaire, pierre d'angle des transports chinois, dessert toutes les grandes villes et destinations touristiques. Malgré la lenteur généralisée, un voyage en train peut constituer une expérience agréable et révélatrice.

Un trajet en train express vous reviendra plus cher qu'en train normal, et les couchettes font l'objet d'un supplément. Les étrangers doivent automatiquement s'acquitter d'une surtaxe pour leurs voyages en train. Les places assises sont divisées en deux catégories : sièges mous ou sièges durs. Ces derniers se trouvent dans des compartiments en général bondés. Jour et nuit, les haut-parleurs diffusent de la musique chinoise brusquement interrompue par des annonces ; pour baisser le volume, tournez le bouton situé sous la tablette dans les compartiments privés.

Les voyageurs de première classe (chinois et étrangers) ont accès à une salle d'attente privée dans les gares de province. A la gare de Beijing cependant, vous pourrez vous réfugier dans des salons luxueux quel que soit votre ticket.

Bateaux. Parcourir la Chine en bateau a ses agréments : les paysages, le confort et un rythme tranquille. Quoiqu'il soit en réalité plus rapide et moins cher de se rendre de Wuhan à Shanghai en bateau fluvial qu'en train. Des navires desservent les ports de Shanghai, Tianjin, Dalian et Qingdao, mais les horaires ne sont pas toujours très commodes. Essayez de vous ménager un moment pendant votre séjour pour goûter à l'ambiance vivante et colorée d'un voyage en ferry sur une rivière ou un lac.

Taxis. Presque partout en Chine, il vaut mieux réserver les taxis par l'intermédiaire de votre hôtel. Vous pourrez ainsi négocier un itinéraire pour la journée. Vous pouvez aussi les héler dans la rue mais sachez qu'il n'y a pas de station de taxi. Les restaurants et les Friendships Stores peuvent vous appeler un taxi. Mais si vous décidez de partir vous promener seul pendant quelques heures, vous aurez peut-être avantage à prendre un taxi et à lui demander de vous attendre là où vous décidez de vous arrêter. Les chauffeurs insisteront en général pour vous donner un reçu. A Beijing, les tarifs des taxis sont un peu moins élevés qu'ailleurs.

Métro. Premier réseau de transport souterrain de Chine, le métro de Beijing transporte plus de 70 millions de passagers par an, rapidement et à bon marché. Chaque station se distingue de toutes les autres par sa combinaison de couleurs, la forme des colonnes et d'autres détails. Les arrêts sont ainsi facilement identifiables. Dans les stations, les panneaux sont écrits à la fois en *pinyin* et en caractères chinois. Les réseaux de métro de Shanghai, Tianjin et Guangzhou, tout aussi efficaces, sont en cours d'extension.

Vélos. Puisque vous serez entouré de cyclistes, l'envie vous prendra peut-être de louer un vélo pour vous déplacer entre les sites ou faire un peu d'exercice. A Beijing et quelques autres villes, les magasins de location de vélos ont l'habitude de traiter avec les étrangers. Vous devrez sans doute laisser votre passeport ou une caution comme garantie.

V

VOLS ET DELITS

La Chine, comme tous les pays du monde, n'est pas à l'abri de la criminalité mais les statistiques officielles révèlent des taux relativement bas par rapport aux pays occidentaux. Les cas d'agression contre les touristes étrangers sont rares mais méfiez-vous des pickpockets et autres voleurs à la tire dans les grandes destinations touristiques, les transports publics et sur les marchés. Munissez-vous si possible d'une sacoche-banane. Evitez de suivre quelqu'un qui vous adresserait spontanément la parole en vous proposant de vous servir de guide ; tous n'ont pas des motifs honorables, en particulier ceux qui font partie des millions de Chinois sans ressources.

Appelez la police !	**jiao jing cha**	快叫警察!
Au secours !	**jiu-ren a**	来人哪!
Appelez un médecin !	**qi sheng**	快找医生!
Danger !	**wei-xian**	危险!

Cependant, les cas de touristes qui retrouvent des objets de valeur égarés sont fréquents. Et vous pourrez la plupart du temps vous promener la nuit sans crainte d'être agressé, particulièrement si vous vous déplacez en groupe.

Vous serez souvent confrontés à des vendeurs peu scrupuleux, désireux de vous monnayer toutes sortes de choses, et à des mendiants, qui peuvent parfois être très insistants.

INDEX